하나님 말씀과 사랑에 빠지다

하나님 말씀과
사랑에 빠지다

케이스 페린 지음 ㅣ 전의우 옮김

규장

감사의 글

이 책이 나오기까지 여러 사람이 여러 단계에서 나를 정말 많이 도와주고 오랫동안 수고해주었다.

스캇 길크리스트 당신은 이 책에 실린 "방법"의 많은 부분을 나에게 소개해 주었습니다. 하나님의 말씀을 향한 당신의 열정은 견줄 데 없습니다. 영감과 격려와 지속적 우정에 감사드립니다.

브루스 쿤 1993년 봄, 하나님의 말씀을 나에게 생생히 되살려준 당신에게 어떻게 하더라도 다 감사할 수 없을 것입니다. 하나님께서 당신의 누가복음 공연을 통해 나를 전혀 새로운 사역으로 몰아가실지 누가 알았겠습니까?

피트, 론, 브루스, 패트, 스캇, 머리, 케빈, 캐리 초고를 꼼꼼히 읽어줘서 고맙습니다. 여러분의 제안 덕에 책이 훨씬 유용하고 한결 쉬워졌습니다.

브라이언 게이지 나는 방향을 조금 설정해줬을 뿐인데, 이번에도 당신은 창의력을 발휘해 내 예상을 훨씬 뛰어넘는 멋진 디자인을 내놓았습니다.

게리 토마스 따뜻한 격려부터 좋은 출판사 소개까지, 이 책을 쓰는 과정에서 당신의 조언은 더없이 소중했습니다.

니콜 진 숱한 시간 이 책을 편집, 재편집해줘서 한없이 감사합니다. 전체 구조부터 개별 단어들에까지 이 책 전체에 당신의 손때가 묻어 있습니다.

캐리 당신은 글을 쓰고 가르치며, 강연하고 공연하라고 거의 10년 동안 나를 격려해주었어요. 나는 당신과 함께, 하나님께서 영광받으시고 그분의 말씀이 사랑받는 가정을 꾸미는 것 말고는 아무것도 생각할 수 없어요.

주 예수님 당신만이 참 저자입니다. 당신께서 세상을 창조하실 때 사용하신 말씀부터, 당신의 기록된 말씀, 살아 있고 성육한 말씀이신 당신까지, 모든 형태의 당신의 말씀에 감사드립니다. 이 책이 조금이라도 가치 있다면, 그 가치는 당신으로부터 당신을 통해 왔으며, 당신에게 있습니다. 당신에게 감사하며 당신을 찬양합니다.

하나님의 말씀과
사랑에 빠지는 것이 가능한가?

당신이 이 책을 손에 들었으니 나는 당신이 이 질문에 "그래요!" 라고 대답하길 바란다고 생각한다. 이제 그렇다는 확신을 당신에게 심어주겠다.

나는 어릴 때 그리스도인이 되었지만 1993년에야 나와 성경의 관계를 표현할 때 '사랑'이라는 단어를 사용했다. 1993년부터 1997년 사이에, 내가 하나님의 말씀과 사랑에 빠지는 데 큰 역할을 했던 특별한 일이 몇 가지 있었다.

그중 첫 번째는 실제로 한 사람을 통해 일어났다. 1993년, 내가 웨스턴 워싱턴의 어느 교회에서 청소년과 찬양을 담당하는 목사로 사역하고 있을 때 브루스 쿤(Bruce Khun)이라는 배우에 대해 들었는데 그가 1인극으로 누가복음 전체를 한 구절

한 구절, 글자 그대로 공연한다는 것이다. 브루스가 가까운 교회에 온다기에 그 많은 분량을 정말로 외울 수 있는지 직접 확인해 보기로 했다. 성경 그대로를 가지고 청중을 거의 두 시간이나 사로잡는다는 것은 상상도 할 수 없었다.

그날 밤 일을 절대 잊지 못할 것이다. 성경이 살아났다. 나는 예수님이 제자들과 나누시는 대화를 들었다. 걷지 못하던 사람이 벌떡 일어나 걷는 기쁨을 경험했다. 예수님이 십자가에 달리시는 장면에서 아픔을 느꼈다. 나는 이야기 속으로 빨려 들어갔다.

공연이 끝난 후 브루스에게 나를 소개하고, 내일 점심을 함께했으면 좋겠다고 했다. 그는 그러자고 했다. 다음날, 그와 이야기를 나누면서 그렇게 많은 분량의 성경이 그의 속에 살아 있다는 게 어떤 것이냐고 물었다. 그는 자신에게 성경과 그 등장인물이 어느 때보다 생생하다며, "그저 몇몇 성경 구절을 암송하는 데 그치지 말고 성경의 더 큰 부분들을 암송해보라"라고 권했다. 나는 누가복음보다 짧은 빌립보서로 시작해보기로 했다.

1993년 여름과 가을을 빌립보서에 푹 빠져 지냈다. 바울의 편지를 읽고 또 읽었다. 하루는 이 편지를 쓰는 바울이 되어 보았다. 다음날은 빌립보교회에 앉아 낭독되는 이 편지를 듣고 있는 내 모습을 그려보았다. 얼마 지나지 않았는데 내가 빌립보서의 많은 부분을 알고 있는 게 아닌가! 아직 암송은 시작조차 하지 않았는데도 말이다! 하루를 살아갈 때, 성령께서 이런저런 구절을 자주 생각나게 해주시기까지 했다.

나는 빌립보서를 암송하는 데 그치지 않고 빌립보서를 <u>내면화</u>했다(internalized). 빌립보서는 이제 나의 일부였다. 나는 빌립보서의 말들을 알았을 뿐 아니라 그 메시지를 <u>이해했고</u> 감정을 <u>느꼈으며</u> 관계를 <u>경험했다</u>. '살아 있는 하나님의 말씀'은 이제 어구에 불과한 게 아니라 '실제'(reality)였다! 빌립보서를 내면화하면서 발견한 유익이 나에게 박차를 가했고, 나는 갈수록 즐겁고 보람된 성경 내면화 여정을 계속했다.

내가 하나님과 사랑에 빠지는 여정에서 또 하나의 중요한 사건은 1997년에 일어났다. 그 해에 스캇 길크리스트(Scott Gilchrist)를 만났다.

그 무렵, 나는 이미 빌립보서와 요한복음을 내면화했으나 성경의 한 책을 공부하는 체계적 방법은 갖고 있지 못했다. 스캇은 자신의 친구 로버트 쉬락(Robert Shirock)이 쓴 《성경을 한 책씩 마스터하기》(Mastering the Bible Book by Book)라는 책을 내게 건넸다.[1] 스캇이 이 책을 이용해 내게 소개해준 성경공부법이 하나님의 말씀에 대한 나의 이해와 사랑을 완전히 바꿔놓았다. 나는 성경의 한 책 전체를 알아가는, 특정 단어의 뉘앙스까지 발견하는 과정이 담긴 방법을 그때 처음 접했다.

새로운 성경공부법이 어떻게 성경 내면화를 완벽히 보완하는지를 알기는 쉬웠다. 나는 이미 실행에 옮기고 있었다. 둘을 결합하자 하나님의 말씀을 어느 때보다 풍성하게 경험할 수 있었

9

다. 이 방법의 많은 부분을 이 책에 자세히 소개해 두었다.

성경 내면화와 새로운 성경공부법을 결합해 계속 발전시키면서 이것을 많은 사람과 개인적으로 나눌 기회가 생겼다. 몇몇 목사님들은 이 과정을 자기 교회 교인들에게 가르쳐달라고 부탁했다. 내 생각들을 정리해 워크북을 만들고, 1998년에 '하나님의 말씀과 사랑에 빠지기'(Falling in Love with God's Word)라는 제목으로 워크숍을 시작했다.

그 후 누군가 "사우스다코타에 사는 내 사촌이 이걸 참 좋아할 거예요!"라고 할 때 어떻게 해야 하는지가 나의 과제가 되었다. 내게는 누군가가 워크숍에 참석하지 않고 이 방법을 배우게 할 묘안이 없었다. 워크북은 워크숍 보조 교재였을 뿐, 그 자체가 독립된 훈련 도구는 아니었다.

이 책의 많은 부분을 단어 연구, 개요 잡기 등의 여러 항목에 할애하겠지만, 나의 주된 목표는 당신이 특정 방법을 이해하고 활용하게 하는 것이 아니다. 나는 당신이 이 책에서 당신이 하나님의 말씀과 사랑에 빠지도록 도와줄 몇 가지 도구를 찾아냈으면 한다.

당신이 이 책을 다 읽은 후에도 성경을 그저 알아야 할 정보로 가득한 교과서로 본다면 나는 실패한 것이다. 성경은 교과서가 아니라 '관계 가이드'이다. 하나님께서는 당신과 그분의 관계가 끊임없이 발전하기를 원하시며, 이런 목적으로 성경을 디자인하셨다. 당신이 이 책에 소개된 도구를 통해 갈수록 성경을 당신과 저자(Author)의 관계를 구성하는 살아 있는 부분으로 보게 되면 좋겠다.

독자마다 이 책을 조금씩 다르게 활용하리라 예상한다. 당신은 이 책을 끝낸 후, 자신이 이미 잘 활용하는 성경공부법을 강화하는 몇몇 귀한 팁을 추려낼지도 모른다. 또는 지금껏 이것저것 다 해보았으나 성경을 즐기고 하나님의 말씀과 일관되게 함께하는 방법을 전혀 찾지 못했을지도 모른다. 〈부록 A〉 '빌립보서로 떠나는 60일간의 모험'에 이 방법의 요소를 하루하루 실행에 옮기는 방법을 제시해 두었는데, 이를 활용해 자신에게 맞는 요소를 찾아내 사용할 수 있을 것이다. 다양한 옵션과 새 신자 및 소그룹을 위한 가이드도 실어두었다(부록 B와 C를 보라).

부록 중 하나에서 하나의 옵션을 시도해볼 계획이든 이것을 자신이 이미 사용 중인 방법에 덧붙일 계획이든, 이 책에 소개된 기술을 이 책을 다 읽은 후 적용하겠다고 생각하지 말고 이 책을 읽으면서 적용하기 바란다. 새로운 것은 무엇이든 잘게 쪼개 활용하며 익힐 때 가장 잘 이해된다.

시작하기 전에 몇 마디 경고하겠다. 첫째, 성경을 꾸준히 읽지 못해 애먹는가? 그렇더라도 이 책을 읽고 나면 이 문제가 곧바로 해결되리라고 기대하지 말라. 성경과 함께하는 시간은 삶에서 추구해야 할 가장 중요하고 보람된 것 중 하나이지만, 시간을 두고 길러야 하는 습관이기도 하다. 규칙적으로 운동을 하거나 건강식을 하는 습관을 기르듯이 말이다. 쉽지 않기에 훈련이 필요하다.

마귀가 절대 원하지 않는 일이 있다. 당신이 하나님의 말씀을 사랑하는 것은 말할 것도 없고 매일 하나님의 말씀에 잠기는 것이다. 그래서 마귀는 이것이 시간이나 노력을 쏟을 가치가 없다며 어떻게든 당신을 설득하려 든다. 단언컨대, 보상이 노력을 훨씬 능가한다.

둘째, 성경을 읽다 보면 중압감을 느끼고 "나는 못 해. 이렇게 하려면 매일 몇 시간씩 걸릴 거야!"라는 생각이 들 때가 있다. 당신이 여기 소개된 방법의 '모든' 요소를 '매일' 반복하는 게 아님을 기억하라! '빌립보서로 떠나는 60일간의 모험'을 시작하더라도, 하루에 20-30분이면 충분하도록 일정을 짜두었다.

이 책을 쓰면서, 당신이 하나님의 말씀을 전에 없이 즐기기를 기도한다. 하나님의 진리가 당신에게 분명해지며, 성경의 이야기와 인물이 종이 밖으로 뛰어나와 생생해지기를 기도한다. 당신이 특별히 당신을 위해서 성경을 쓰신 분의 마음에 다가가기를 기도한다. 하나님께서 이 책을 통해 당신이 그분의 책과 사랑에 빠지도록 도우시기를 기도한다.

축복하며,
케이스

당신은 어떤 일을 하기 전, 왜 그 일을 해야 하는지 알고 싶어 하는 유형인가? 나는 그런 유형이다. 어떤 일을 하는 이유를 알고 그 일을 마쳤을 때 결과가 긍정적일 것을 알 수 있다면 그 일을 정말 열심히 하기를 마다하지 않는다.

시합에 대비해 몸 상태를 좋게 유지해야 한다는 사실을 알면 단거리 달리기는 참을만하다. 마침내 주차를 하고 나면 멋진 휴양지가 눈앞에 펼쳐지리라는 사실을 알면 장시간 여행도 그런대로 괜찮다. 내가 하는 일이 회사에 긍정적 효과를 낸다면 부지런히 일하기를 마다하지 않는다.

성경공부도 다르지 않다. 이 장(章)의 목적은 이 책에서 말하는 방법의 '이유'를 제시하는 것이다. 성경에서 성경을 <u>사랑하고</u>, <u>나누며</u>, <u>적용하는</u> 사람들을 볼 때, 성경을 대하는 나의 태도 또한 그들을 닮길 바라지 않을 수 없다. 성경공부와 성경 내면화가 하나님과 그분의 말씀을 향한 더 깊은 열정을 낳는 것을 본다면, 성경공부를 단순히 공부가 아니라 흥미진진한 모험으로 볼 수 있겠다.

성경이 말하는 성경을 살펴보는 데 이 책 전체를 할애할 수도 있겠지만, 구약과 신약의 몇몇 구절이 주는 교훈 다섯 가지만 살펴보겠다.

🔺교훈 1 우리의 전인(全人)을 다해 하나님을 사랑하려면, 그분 의 말씀을 삶의 모든 부분에 적용해야 한다

이스라엘아 들으라 우리 하나님 여호와는 오직 유일한 여호와 이시니 너는 마음을 다하고 뜻을 다하고 힘을 다하여 네 하나님

여호와를 사랑하라 신 6:4,5

성경 전체에서 가장 유명한 구절 중 하나이다. 예수님이 가
장 큰 계명이 무엇이냐는 질문에 답하면서 인용하신 이 구절은
그보다 오래전에 모세가 약속의 땅에 들어갈 이스라엘에게 한
말이다. 그러나 이 구절은 우리 가운데 많은 사람에게 문제를
일으킨다. 이 구절은 우리가 무엇을 해야 하는지 말하지만, 실
제로 그것을 어떻게 할 수 있는지는 말하지 않기 때문이다.

계속 읽노라면, 앞뒤 구절들이 교훈 1의 분명한 다섯 가지
가이드라인, 즉 4,5절에 제시된 명령을 어떻게 살아내야 하는
지에 관한 가이드라인을 제시한다.

"오늘 내가 네게 명하는 이 말씀을 너는 마음에 새기고"(6절)
이 구절의 무게를 제대로 파악하려면 '마음'(heart)으로 번역된
히브리어 단어(레바브)의 의미를 알아야 한다. 유대인들에게 마
음이란 한 사람의 전부를 상징했다. 그들은 마음을 지정의(知
情意)가 결합된 본질로 이해했다. 간단히 말해, 모세는 이렇게
말하고 있었다.

"하나님의 말씀이 너희의 전 존재를 푹 적셔야 한다. 너희 생

각이 그 말씀에 맞아야 한다. 너희 감정과 원함, 갈망이 그 말씀의 인도를 받아야 한다. 너희의 선택이 그 말씀에 부합해야 한다."

모세는 하나님에 대한 헌신이 <u>하나님의 말씀과 일치하는 삶</u>을 수반하지 않으면 참 헌신이 아니라는 것을 알았다.

"네 자녀에게 부지런히 가르치며"(7a절)

우리 집에는 몇 가지 전통이 있다. 장거리 자동차 여행을 시작할 때면 으레 맥도날드에서 아침을 해결한다, 크리스마스 이브에는 선물을 하나만 뜯는다… 등. 많은 전통이 매년 한 차례 되풀이된다. 하지만 하나님의 말씀을 알고 또 사랑하기는 꾸준히 대물림해야 하는 전통이다.

사도 바울은 디모데후서에서 다음 세대에 믿음 물려주기에 관해 썼다. "이는 네 속에 거짓이 없는 믿음이 있음을 생각함이라 이 믿음은 먼저 네 외조모 로이스와 네 어머니 유니게 속에 있더니 네 속에도 있는 줄을 확신하노라"(딤후 1:5). 디모데가 물려받은 믿음의 유산은 그 뿌리가 적어도 두 세대를 거슬러 올라갔다.

하나님의 말씀을 향한 사랑을 대물림한다는 말은 아이들에게 성경 구절을 강제로 먹인다는 뜻이 아니다. 오히려 아이들에게 하나님의 말씀을 향한 사랑을 <u>심어주는</u> 가장 좋은 길은 우리 자신이 말씀을 사랑하고 그 말씀대로 사는 모습을 아이들에게 보여주는 것이다. 성경이 우리에게 신나고 가치 있으며 적용 가능하다면 아이들에게도 그럴 가능성이 높다. 우리는 아이들에게 하나님의 말씀을 공부하는 모습뿐 아니라 그 말씀을 즐기고 삶에 적용하는 모습까지 보여야 한다.

우리 가족은 이런저런 문제가 있고 별난 구석도 있다. 당신의 집도 다르지 않을 것이다. 그러나 내가 매우 감사하는 사실이 있다. 부모님은 나를 기르면서 예수님을 따르고 교회에 출석하며 성경을 읽는 것이 필수일 뿐만 아니라 즐겁다고 믿게 해주셨다! 당신도 그렇게 믿도록 양육 받았다면 감사하길 바란다. 그러지 못했다면, 이제 하나님과 그분의 말씀을 향한 사랑을 다음 세대에 물려주겠다고 결심하라.

"집에 앉았을 때에든지 길을 갈 때에든지 누워 있을 때에든지 일어날 때에든지 이 말씀을 강론할 것이며"(7b절)

당신은 친구나 가족과 성경을 얼마나 자주 논하는가? 성경을 교회에서만 얘기한다면 성경이 주는 약속과 명령이 우리의 일상에 스며들 것이라 기대할 수 있겠는가? 성령께서 하나님의 말씀을 이용해 우리의 말을 빚으시도록 그렇게 성경을 공부해야 한다.

나는 어떤 주제를 논할수록 거기에 더 관심이 간다. 그 주제를 더 잘 이해하게 되고 사람들과 논할 때 새로운 통찰을 얻는다. 성경의 경우도 다르지 않다. 다른 사람들의 시각이 내 시각으로는 절대 보지 못하는 진리를 드러낸다. 하나님의 말씀을 이야기할 때, 어떤 성경 구절이 다른 사람들을 부요하게 하거나 격려하거나 그들에게 도전을 주는지 알게 된다. 내가 혼란스러워하는 구절을 당신은 쉽게 이해할 수도 있고, 그 반대일 수도 있다. 각자가 어떤 부분에서 애를 먹는지 모르는데 어떻게 그 구절을 이해하도록 서로 도울 수 있겠는가? 우리에게는 잠언 27장 17절의 조언이 필요하다. "철이 철을 날카롭게 하는 것처럼 사람은 사람이 날카롭게 한다"(현대인의 성경).

성경을 이야기하는 것은 매우 중요하다. 그러나 이 명령은 단지 성경을 논하라는 뜻이 아니다. 하나님께서는 우리의 말과 그분의 말씀이 일치되길 원하신다. 이것이 그리스도인으로 살 때 가장 큰 도전 중 하나가 아닐까 싶다.

당신은 이런 문제로 씨름하는가? 틀림없이 그럴 것이다. 최신 루머를 퍼 나르지 않으려는데 쉽지 않은가? 당신이 말하는 방식이 교회에서 다르고 직장에서 다른가? 어머니 앞이라면 절대 쓰지 않을 표현을 동료나 친구들에게 쓰는가? 안타깝게도, 나는 이따금 이 모든 문제로 씨름했고 여전히 씨름하고 있는 것도 있다.

예수님의 형제 야고보도 이것이 어려운 문제라는 것을 알았기 때문에 이렇게 말했다. "혀는 곧 불이요 불의의 세계라 혀는 우리 지체 중에서 온몸을 더럽히고 삶의 수레바퀴를 불사르나니 그 사르는 것이 지옥 불에서 나느니라"(약 3:6). 뜨끔하다! 무시하기 어려운 말이다.

그러나 야고보는 우리가 하는 말을 크게 칭찬하기도 했다. "만일 말에 실수가 없는 자라면 곧 온전한 사람이라 능히 온몸도 굴레 씌우리라"(약 3:2). 뒤이어 혀를 작지만 큰 배를 움직이는 키에 비유한다.

예수님은 이 모든 주제를 마음의 문제로 돌리며 이렇게 말씀하신다. "선한 사람은 마음에 쌓은 선에서 선을 내고 악한 자는 그 쌓은 악에서 악을 내나니 이는 마음에 가득한 것을 입으로 말함이니라"(눅 6:45).

이 단락의 첫째 명령은 하나님의 말씀을 우리 "마음에 새기라"는 것이다. 하나님의 말씀에 잠길수록, 그리고 하나님의 말씀을 말할수록 우리가 입을 벌릴 때마다 그분의 말씀이 튀어나올 가능성이 커진다.

"너는 또 그것을 네 손목에 매어 기호를 삼으며 네 미간에 붙여 표로 삼고"(8절)

고대 유대 문화를 알지 못하면 이것과 그다음 지침은 조금 이상해 보일 것이다. 모세가 이렇게 말한 BC 15세기는 모두가 성경을 한 권씩 갖고 있던 시대가 아니었다. 그러나 성경에서 아주 중요하다고 믿었기에 늘 곁에 두어야 하는 부분들이 있었다. 이런 구절들을 쓰고 싸서 왼팔에 매거나 작은 상자(성구함)에 넣어 이마에 맸다. 그래서 누구라도 성구함만 보고도 유대인을 단번에 알 수 있었다.

　이런 관습은 이 구절의 메시지를 우리에게 전한다. 주변 사람들이 당신의 삶을 볼 때 곧바로 하나님의 말씀에 맞춰 살려고 하는 사람을 보는가? 당신의 친구들이 누구든, 당신의 가정이 어떻든, 당신이 어디에 살든, 당신의 직업이 무엇이든, 하나님을 진정 사랑하는 사람들의 공통된 특징은 그 자신이 하나님의 말씀에 부합하도록 살려고 한다는 것이다.

"또 네 집 문설주와 바깥문에 기록할지니라"(9절)

조금 틀렸을 뿐 넷째 지침과 비슷하다. 손과 이마가 개인에 속하듯 문설주와 바깥문은 전형적으로 사람들이 무리를 이루어 사는 곳을 말한다. 이 구절은 하나님의 말씀에 순종하며 살려는 사람들을 주변에 두는 것이 중요함을 강조한다.

이 명령은 믿지 않는 친구들을 포기해야 한다는 뜻이 아님을 분명히 해두고 싶다. 예수님은 우리에게 "가서… 제자로 삼아"(마 28:19)라고 말씀하셨다. 그런데 주변에 이미 믿는 친구들뿐이라면 이 명령을 수행하기 힘들다. 그렇더라도, 주님을 사랑하는 사람들과 친밀한 관계를 유지해야 한다.

우리 인생에는 결정을 내려야 할 때 찾아가 조언을 구하는 사람들이 있다. 그런데 이들이 우리에게 조언하기 전에 하나님의 인도를 구할 생각이 없다면 우리는 화를 자초하는 셈이다. 그리스도를 따르라고 우리를 독려해줄 사람들을 주변에 두어야 한다.

신명기 6장 4-9절에서, 하나님께서는 우리의 전부로 그분을 사랑하라며 다섯 지침을 제시하신다.

1. 하나님의 말씀을 네 마음에 새겨라.

2. 하나님의 말씀을 향한 사랑을 다음 세대에 물려주어라.

3. 하나님의 말씀으로 네 말을 빚어라.

4. 네 자신이 하나님의 말씀을 따라 살려고 노력하라.

5. 하나님의 말씀을 따라 살려는 사람들을 주변에 두어라.

4-5절은 마음과 뜻과 힘을 다해 하나님을 사랑하라고 명령한다. 6-9절은 이 명령을 수행하려면 삶의 모든 부분이 안팎으로 하나님의 말씀에 푹 잠겨야 한다는 것을 보여준다. 따라서 성경이 말하는 바를 알고 기억하게 해줄 뿐 아니라 그것을 삶에 적용할 만큼 성경을 사랑하게 해주는 성경공부법을 찾아야 한다.

🔺 교훈 2 하나님의 말씀을 삶에 적용하려면 성경이 우리 앞에 펼쳐져 있지 않을 때도 그것을 생각할 수 있을 만큼 하나님의 말씀을 잘 알아야 한다

이 율법책을 네 입에서 떠나지 말게 하며 주야로 그것을 묵상하여 그 안에 기록된 대로 다 지켜 행하라 그리하면 네 길이 평탄하

게 될 것이며 네가 형통하리라 내가 네게 명령한 것이 아니냐 강하고 담대하라 두려워하지 말며 놀라지 말라 네가 어디로 가든지 네 하나님 여호와가 너와 함께하느니라 수 1:8,9

'묵상하다'(meditate, 명상하다)라는 단어를 들을 때 무슨 생각이 드는가? 서구 문화에서는 대부분 가부좌를 틀고 앉아 눈을 감은 채 이상한 소리를 내는 사람을 떠올릴 것이다. 그러나 하나님께서 가나안 족속들과의 전투를 앞둔 여호수아에게 말씀하실 때 이 단어를 사용하며 그리신 그림은 그런 것이 아니다.

정확히 말하면, 여기 사용된 히브리어 단어에 내포된 의미의 일부는 "신음하다, 내뱉다, 또는 말하다"이다. 이것은 전투에 관해 많은 생각을 하는 중에 하나님에게 집중하는 방식으로 성경을 작은 소리로 읊조리는 것이었다. 이에 상응하는 헬라어 단어는 "머릿속에 맴돌다"라는 뜻이다. 이 모두의 배후에는 하루 일과 내내 하나님의 말씀을 곰곰이 생각할 수 있도록 그분의 말씀을 마음과 머리에 깊이 심는다는 개념이 자리한다.

여호수아는 거대한 과업을 앞두고 있다. 이스라엘은 지금껏 광야에서 40년을 방황했다. 이제 그 방황을 끝내고, 이스라엘을 약속의 땅으로 인도해 들여야 했다. 그러나 약속의 땅 거주자들이 자신들의 땅을 유목민 이스라엘에 순순히 내줄 리 없었고, 따라서 그 땅을 힘으로 취해야 할 터였다.

이렇듯 전투가 코앞에 닥친 상황에서, 하나님께서는 여호수아에게 그분의 말씀을 늘 입에 두고 생각의 맨 앞에 두라고 명하신다. 왜 그럴까? 온갖 것이 사방에서 여호수아의 집중력을 분산시키려 할 텐데, 하나님께서는 여호수아가 하나님의 말씀을 "기록된 대로 다 지켜 행하"도록 부름 받았음을 전투 중에도 기억하기 원하셨다. 여호수아가 이러한 부름을 살아낼 길은 오직 하나, 하나님의 말씀이 그의 생각과 말에 스며드는 것이었다.

우리도 마찬가지이다. 우리의 싸움은 여호수아의 싸움과 다르더라도 우리의 집중력을 분산시키려는 것들은 그만큼 실제적이다. 성경이 앞에 펼쳐진 몇 분 동안만 하나님의 명령을 알 뿐이라면, 어떻게 하나님께 순종하며 살 수 있겠는가?

이 두 절은 주의 깊게 하나님의 말씀을 따라 살 때 일어날 일들에 관해 놀랍도록 용기를 주는 세 가지 약속을 제시한다.

첫째, 우리는 평탄하고 형통할 것이다. 그러나 이 구절을 근거로 "하나님께 순종하라. 그러면 삶이 순탄하고 물질의 축복이 넘칠 것이다"라는 이론을 만들지 않도록 조심하라. 하나님의 '평탄'과 '형통'(번영과 성공) 개념은 사회의 개념과 사뭇 다르다. 하나님께서는 우리의 외적 형통보다 <u>내적</u>이고 <u>영원한</u> 형통에 더 관심을 두신다.

둘째, 하나님의 말씀을 묵상하고 따르면 용기는 커지고 두려움은 작아질 것이다. 우리가 하나님의 말씀을 따라 살고 있음을 안다면 담대하고 두려움 없이 살 수 있다.

마지막으로, 가장 큰 힘이 되는 사실은 말씀 묵상은 우리가 어디를 가든 하나님께서 우리와 함께 계심을 늘 일깨워준다는 것이다. 정말 큰 힘이 되지 않는가!

🔺 교훈 3 성경공부 + 성경 내면화
         = 하나님의 말씀을 향한 사랑

청년이 무엇으로 그의 행실을 깨끗하게 하리이까 주의 말씀만 지킬 따름이니이다 내가 전심으로 주를 찾았사오니 주의 계명에서 떠나지 말게 하소서 내가 주께 범죄하지 아니하려 하여 주의 말씀을 내 마음에 두었나이다 찬송을 받으실 주 여호와여 주의 율례들을 내게 가르치소서 주의 입의 모든 규례들을 나의 입술로 선포하였으며 내가 모든 재물을 즐거워함같이 주의 증거들의 도를 즐거워하였나이다 내가 주의 법도들을 작은 소리로 읊조리며 주의 길들에 주의하며 주의 율례들을 즐거워하며 주의 말씀을 잊지 아니하리이다… 내가 주의 법을 어찌 그리 사랑하는지요 내가 그것을 종일 작은 소리로 읊조리나이다 시 119:9-16, 97

마지막 구절을 다시 보라. 나는 이 구절을 읽을 때마다 다윗의 뜨거운 사랑뿐 아니라 그가 사랑하는 대상에 감동한다. 내가 이 문장을 썼다면, 틀림없이 '법'(law)이라는 단어를 '성실', '자비', '인자', '선하심'으로 대신했을 것이다. 그러나 다윗은 "내가 주의 법을 어찌 그리 사랑하는지요"라고 기뻐 외친다. 다윗은 하나님의 말씀에 심취했다. 그래서 하나님의 말씀이 종일 자신의 머릿속을 맴돌게 했다고 말한다. 우리도 정확히 이렇게 해야 한다. 정확히 같은 태도로.

이 구절 앞부분에서, 다윗은 하나님의 말씀을 대하는 기술과 태도를 말한다. 그의 세 진술은 깊은 말씀 연구와 관련이 있다.

"내가… 주를 찾았사오니…"

"주의 율례들을 내게 가르치소서"

"[내가] 주의 말씀을 잊지 아니하리이다"

다윗은 성경에서 하나님의 것들을 부지런히 찾아야 한다는 것을 알았지만, 말씀을 연구하는 데 그치지 않고 그 말씀을 내면화해야 한다는 것도 인정했다. 다음 세 어구에 주목하라.

"주의 말씀을 내 마음에 두었나이다(hidden)"

"나의 입술로 선포하였으며"

"내가… 작은 소리로 읊조리며(meditate)… 주의하며"

성경을 깊이 사랑하는 마음을 기르려면, 하나님의 말씀에 잠기는 시간에 이러한 내면화 요소들이 꼭 수반되어야 한다.

마지막으로, 다윗은 자신이 성경에서 찾은 진리를 경험하고 그 진리와 교감하는 것을 표현하면서 '즐거워하다'라는 단어를 사용한다. 사실, 다윗은 자신이 "모든 재물을 즐거워함같이" 하나님의 말씀 순종하기를 즐거워했다고 말한다.

'법', '증거', '율례들' 같은 단어를 들으면 성경을 일련의 "하라"와 "하지 말라" 목록으로 그리고 싶은 유혹을 받을지도 모른다. 성경에는 이런 목록 외에 숱한 것이 있지만, 나는 성경에 실제로 이런 "하라"와 "하지 말라"의 목록이 있다는 게 더는 유감스럽지 않다.

우리는 생명의 조성자(Author of Life)께서 가이드북을 주셔서 우리가 무엇을 피하고 무엇을 적극적으로 행해야 하는지 가르쳐주셨다는 사실에 다윗과 함께 기뻐할 수 있다. 예수님은 "내가 온 것은 양으로 생명을 얻게 하고 더 풍성히 얻게 하려는 것이라"(요 10:10)라고 친히 말씀하셨다.

성경을 연구하고 성경을 말하며 성경에 잠길 때, 다윗처럼 뜨거운 열정으로 하나님의 말씀을 사랑하고 그 말씀에 순종하게 될 것이다. 또한 예수님이 우리가 누리기를 바라시는 풍성한 생명에 이르는 길도 잘 진척될 것이다.

⛰ 교훈 4 성경은 건강하고 강한 믿음을 기르는 데 유익하며 필수적이다

모든 성경은 하나님의 감동으로 된 것으로 교훈과 책망과 바르게 함과 의로 교육하기에 유익하니 이는 하나님의 사람으로 온전하게 하며 모든 선한 일을 행할 능력을 갖추게 하려 함이라
딤후 3:16,17

고등학생 때 체력 단련실에서 역기를 처음 들어 올렸던 때가

기억난다. 나는 어린 시절, '헐크' 드라마를 숱하게 보았고, 몸에 힘만 줘도 셔츠가 찢어질 만큼 우람한 근육을 기를 준비가 되었다. 나는 벤치 프레스로 다가가 둥근 쇠막대 양쪽에 묵직한 원반을 몇 개 끼우고 벤치에 누워 역기를 들어 올렸다.

하나. 거뜬했다. 둘. 힘들다고? 셋. 여전히 가뿐했다. 일곱 번이나 여덟 번쯤 들었을 때, 건너편에서 (정말로 근육이 우람한) 녀석이 내 얼굴이 점점 새파래지는 걸 눈치챈 모양이다. 그는 나를 향해 "이봐! 숨 쉬어!"라고 했다. 유용한 팁이었다. 나는 역기를 드는 데 집중한 나머지 숨 쉬는 걸 깜빡했다.

바울은 디모데에게 마지막 편지를 쓸 때, 성경은 하나님의 숨이라는 사실을 일깨워주고 싶었다. 우리는 매일 하나님의 숨을 들이마실 기회가 있다. '영적 근육'을 기르려면 하나님의 말씀을 깊이 들이마시는 것이 필수이다. 육체의 근육이 자라고 제대로 기능하려면 산소가 필수이듯 믿음이 자라고 하나님을 제대로 섬기려면 성경이라는 산소가 꼭 필요하다.

우리 사회의 많은 사람이 우리로 성경이란 케케묵은 시대의 사람들에게나 적용되는 케케묵은 이야기와 케케묵은 가치관으로 가득한 책이라고 믿게 하려 든다. 이보다 진리에서 동떨어진 것도 없다. 성경이 교훈과 책망과 바르게 함과 의로 교육하기에 유익한 한, 성경을 읽고 연구하며 내면화해야 한다.

누군가 이 구절을 새롭게 조명하는 비유를 하나 들려주었는데, 그는 하나님께서 우리를 불러 살게 하시는 삶을 길에 비유했다. 교훈은 그 길이 무엇인지 우리에게 말해준다. 책망은 우리가 어느 지점에서 길을 벗어났는지 보여주고, 바르게 함은 어떻게 그 길로 되돌아가는지 알려준다. 의로 교육하기는 일단 본래 길로 되돌아왔다면 어떻게 계속 그 길을 가는지에 관한 것이다.

우리 모두 어느 시점에서든 이 길과 관련해 넷 중 한 곳에 있다. 이 구절은 당신이 어디에 있든 하나님의 말씀이 유익하다는 것을 알려준다. 길을 갈 때 마지막으로 기억해야 할 것이 있다. 숨쉬기를 잊지 말라!

🌲 교훈 5 하나님의 말씀을 내면화하면 그 말씀을 사람들과 나누며 그 말씀을 이해하고 열심히 받아들이는 데 도움이 된다

바울이 자기의 관례대로 그들에게로 들어가서 세 안식일에 성경

을 가지고 강론하며 뜻을 풀어 그리스도가 해를 받고 죽은 자 가운데서 다시 살아나야 할 것을 증언하고 이르되 내가 너희에게 전하는 이 예수가 곧 그리스도라 하니… 베뢰아에 있는 사람들은 데살로니가에 있는 사람들보다 더 너그러워서 간절한 마음으로 말씀을 받고 이것이 그러한가 하여 날마다 성경을 상고하므로… 행 17:2,3,11

당신은 이러한 '반짝' 경험을 해보았는가? 누가 뭔가 설명해 주지만, 당신은 이해가 안 된다. 그가 이렇게 설명해도 당신은 이해하지 못하고, 저렇게 설명해도 여전히 깜깜이다. 그런데 그가 어떤 말이나 행동을 하자 '반짝' 하고 불이 들어온다. 당신이 마침내 이해한 것이다!

나는 불신자가 '반짝' 경험을 한다면 대부분 그리스도를 따를 것이라고 믿는다. 바울도 같은 생각이었을 것이다. 이런 까닭에, 바울은 매주 같은 장소에서 "성경을 가지고 강론"했다. 바울은 자신이 이들을 자유롭게 할 진리를 붙잡고 있음을 알았다. 그는 반짝하고 불이 켜질 때까지 포기하려 하지 않았다. 어떤 사람들에게는 예수님에 관한 좋은 소식에 대해 <u>뜻을 풀어주는</u> 것으로 충분했고 어떤 사람들에게는 예수님이 오래 기다

려온 메시아라는 증언이 필요했다.

어느 쪽이든, 바울의 방법은 같았다. 성경이 스스로 말하게 했다. 우리도 바울의 본을 따르는 게 온당하겠다. 베드로는 베드로전서 3장 15절에서 이렇게 말한다. "너희 마음에 그리스도를 주로 삼아 거룩하게 하고 너희 속에 있는 소망에 관한 이유를 묻는 자에게는 대답할 것을 항상 준비하되 온유와 두려움으로 하고." 예수님에 관해 우리가 진리라고 아는 바를 누군가에게 설명하거나 증명할 기회가 생길 것이다. 그때 성령께서 이미 우리 안에 있는 하나님의 말씀에 접근하실 수 있는 방식으로 성경을 공부해야 한다.

베뢰아 사람들에게 배워야 할 교훈도 있다. 너그러운("고상한", 새번역) 베뢰아 사람들은 성경 내면화가 얼마나 중요한지 알았다. 이들은 자신들이 이미 아는 것을 바울이 말할 때 "간절한 마음으로 말씀을 받았"다. 당신도 이런 적이 있는가? 교회에 갔는데 목사님이 당신이 그 주에 읽고 있던 것들을 설교한다. 얼마나 신나는가! 하나님께서는 설교하거나 책을 쓰는 소수에게만 그분의 진리를 계시하지 않으신다. 그분의 말씀과 사랑에 빠지려는 모두에게 그분 자신을 계시하기 원하신다.

그러나 베뢰아 사람들은 바울의 메시지를 무턱대고 받아들이지 않았다. 이들은 바울도 사람에 불과함을 알았다. 바울은 신이 아니었다. 그리스도를 정확히 그리려고 진심으로 노력했으나 그렇더라도 그는 하나님의 완벽한 대리자가 아니었다. 오직 그리스도만이 하나님의 완벽한 대리자이다. 그래서 베뢰아 사람들은 바울의 메시지를 열심히 받아들일 뿐 아니라 스스로 성경을 깊이 파고들기까지 했다. 아무리 경건하고 진실해도 죄 없고 오류 없는 선생은 없다. 스스로 하나님의 말씀을 공부하지 않으면 참 선생을 속여 그분이 자신을 드러내실 기회를 막는 것이다.

성경을 내면화하면 양쪽 다 대비할 수 있다. 하나님께서 우리에게 진리를 나누는 자가 되라고 하실 경우뿐 아니라, 누군가가 우리에게 진리를 나누게 하실 경우도 대비할 수 있다.

성경이 성경에 관해 가르치는 다섯 가지 교훈

1. 우리의 전인(全人)을 다해 하나님을 사랑하려면, 그분의 말씀을 삶의 모든 부분에 적용해야 한다.
2. 하나님의 말씀을 삶에 적용하려면, 성경이 우리 앞에 펼

처져 있지 않을 때라도 그것을 생각할 수 있을 만큼 하나
님의 말씀을 잘 알아야 한다.

3. 성경공부 + 성경 내면화 = 하나님의 말씀을 향한 사랑
4. 성경은 건강하고 강한 믿음을 기르는 데 유익하며 필수
   적이다.
5. 하나님의 말씀을 내면화하면 그 말씀을 사람들과 나누며
   그 말씀을 이해하고 열심히 받아들이는 데 도움이 된다

나는 이 장에 제시된 구절들을 읽을 때, 각 구절에 촘촘히 밴
사고에 감동한다.

우리의 전인(全人)을 다해 하나님을 사랑하려면, 하나님께서
그분의 말씀을 이용해 우리의 모습과 말과 행동과 생각을 빚으
시게 해드리는 방식으로 그분의 말씀을 내면화해야 한다.

이 책에서 방법론을 펼칠 무대 세우기를 마무리하면서 성경
의 두 구절을 나란히 비교해보는 게 가치 있다는 생각이 든다.[1]
두 구절 모두 사도 바울이 썼다. 각 구절을 읽고 비슷한 점에
주목하라.

에베소서 5:18-20 "성령 충만"	골로새서 3:16-17 "말씀 충만"
오직 성령으로 충만함을 받으라	그리스도의 말씀이 너희 속에 풍성히 거하여
시와 찬송과 신령한 노래들로 서로 화답하며	모든 지혜로 피차 가르치며 권면하고 시와 찬송과 신령한 노래를 부르며
너희의 마음으로 주께 노래하며 찬송하며	감사하는 마음으로 하나님을 찬양하고
범사에 우리 주 예수 그리스도의 이름으로 항상 아버지 하나님께 감사하며	또 무엇을 하든지 말에나 일에나 다 주 예수의 이름으로 하고 그를 힘입어 하나님 아버지께 감사하라

에베소서에서 "성령 충만"의 삶을 말하고 골로새서에서 "말씀 충만"의 삶을 말할 때, 바울은 거의 정확히 같은 표현을 사용한다. 교회에서 "성령 충만"이라는 표현은 자주 듣는데 내 기억으로 이런 말은 들어본 적이 없다. "저 자매 좀 봐요! 저 자매는 틀림없이 말씀 충만한 그리스도인이에요." 그런데 왜 바울은 이 두 특징을 이렇게 비슷하게 표현했는가? 바울은 두 특징이 아주 밀접하게 연결되어 있기에 둘을 묘사하는 다른 단어

들을 찾기 어렵다는 것을 알고 있었다!

성령께서는 성경 외에 다른 방법으로도 우리에게 말씀하시는 것이 분명하다. 그분은 우리가 기도할 때, 그분이 우리 속에 이런저런 생각을 불러일으키실 때, 우리에게 도움이 필요해서 다른 사람들을 감동시켜 우리와 나누게 하실 때 성경 외에도 여러 방법으로 우리에게 말씀하신다. 그러나 성령의 모든 뜻은 성경에 기록된 말씀과 일치한다. 성령의 음성을 우리의 생각에 밀려드는 다른 음성과 구분하려면, 하나님의 말씀을 규칙적으로 내면화해야 한다.

내가 아는 어느 목사님은 "성령께서 직접 생각과 꿈을 주실 때가 있습니다. 그런가 하면 생각과 꿈이 단지 맛없는 피자의 결과일 때도 있습니다. 그 차이를 알아야 합니다"라고 말했다. 말씀이 우리 안에 풍성히 거할수록 둘을 구분하기가 수월하다.

우리 부부는 최근에 집을 지었다. 나는 그 모든 과정을 돌아보면서, 집을 짓는 방식과 내가 당신에게 보여주려는 성경공부법이 너무 비슷해서 깜짝 놀랐다.

집짓기 과정의 첫 단계를 밟은 것은 실제로 집짓기가 시작되기 오래전이었다. 우리는 먼저 아주 중요한 몇 가지 질문에 답했다. 이곳이 우리가 살기 원하는 곳인가? 우리는 이곳을 어떻게 생각하는가? 비용은 얼마나 들겠으며 우리에게 그만한 여유가 있는가? 우리가 지으려는 집이 현재와 미래에 우리의 필요를 채워주겠는가? 집을 살 때와 비교해서 집을 지을 때 드는 시간, 노력, 비용이 어느 정도이며 집을 짓는 것은 그만한 가치가 있는가?

이 모든 질문에 답하는 것이 아주 중요했다. 앞서 다룬 '무대 세우기' 섹션은 온통 "무엇"과 "왜"라는 질문에 답하는 것과 관런이 있었다. 성경은 성경에 관해, 성경을 어떻게 공부해야 하느냐에 관해 무엇이라고 말씀하는가? 왜 우리는 하나님의 말씀을 내면화하는 일에 노력을 기울여야 하는가? 그럴 가치가 있는가?

이제 "어떻게"라는 질문으로 옮겨가야 할 때이다. 우리의 집 짓기를 돌아보니, 모든 게 연속되는 세 단계로 이루어졌다. 그 것은 기초 놓기(Foundation), 뼈대 세우기(Framing), 마무리(Finish Work) 단계이다. 성경을 아는 지식을 '건축'(building)하는 것도 같은 패턴을 따른다.*

---

* 각 항목을 탐구할 때, 이따금 〈부록 A〉로 돌아가 각 요소가 '빌립보서로 떠나는 60일간의 모험'에 어떻게 들어맞는지 보면 도움이 될 것이다.

기초 놓기

집 짓는 사람 누구도 견고한 기초가 필수라는 것을 의심하지 않는다. 나머지는 기초 위에 세워지고 기초의 제약을 받는다. 기초의 크기와 형태와 강도가 집의 많은 특징을 결정한다. 튼튼한 기초는 집의 수명을 좌우하는 핵심 요소이기도 하다.

성경공부의 기초 놓기 단계에서는 성경의 한 책을 전체적으로 알게 된다. 줄거리는 어떻게 되는가? 누가 누구에게 썼는가? 주목적은 무엇인가? 그 책을 전체적으로 읽고 배경을 탐구함으로써 지식의 '기초'를 놓는다. 기초가 잘 놓여야만 '뼈대 세우기'를 시작할 준비가 된 것이다.

뼈대 세우기

나는 집의 뼈대 세우기가 진행되는 속도에 놀랐다. 한 주 전만 해도 콘크리트 기초뿐이던 자리에 '방들'의 형태가 갖춰지기 시작했다. 뼈대 세우기 과정에서는 전기, 배관, 창문, 출입문, 벽체 등 모든 것이 함께 진행되었다. 뼈대 세우기의 이 모든 부분을 기초와 단단히 연결하는 것도 똑같이 중요하다.

뼈대 세우기는 오래 걸리지 않았으나 여기서 본질적 전환이 이루어졌다. 성경공부의 뼈대 세우기 단계도 그러하다. 뼈대 세

<u>우기 단계는 기초 놓기의 일반적 방식과 마무리의 세밀한 방식을 결합한다.</u> 뼈대 세우기는 성경 한 책의 개요를 작성해 하루에 탐구할 수 있는 단락으로 쪼갠다.

마무리

집이 완성되는 과정에서 작은 부분들이 마무리되는 모습은 흐뭇했다. 모든 것이 합체되어 가는 모습에 보람을 느꼈다! 입주 무렵, 내가 집 안팎을 안다고 느꼈다. 배선 과정을 지켜보았고, 페인트를 칠할 때 현장에 있었다. 조명 기구를 설치하는 과정도 보았다. 세밀한 부분을 하나씩 탐구하다 보니 지금껏 살고 있는 우리 집을 조금씩 더 알게 되었다.

성경공부에서 마무리 단계는 다른 단계와 마찬가지로 중요하다. 단락들과 단어들, 어구들을 공부하고 삶에 적용하면 하나님의 말씀과 매우 깊고 친밀한 사랑에 빠질 것이다.

내면화

성경의 한 부분을 내면화하면 단지 그 부분을 '아는' 정도가 아니라 그 부분이 '내 것'이 되었다고 느낀다. 집짓기 비유를 따라가 보자. 누군가 우리 집과 똑같은 집을 지을 수도 있다. 그러나 나와 아내는 우리 집을 우리에게 맞추어 지었기 때문에 그 집과는 느낌이 다를 것이다. 집을 짓는 내내 우리는 붙박이와 조명 등에 대해 다른 부부라면 하지 않았을 구체적 선택을 했다. 또한 우리 집의 맞춤화는 지금도 계속되며 앞으로도 계속될 것이다.

마찬가지로, 내면화 과정은 기초 놓기, **뼈대 세우기**, 마무리라는 세 단계 모두에 적용될 뿐 아니라 성경의 한 책을 구체적 기간 동안 공부한 후 몇 달 혹은 몇 년간 계속된다. 내면화는 일련의 "암송 기술"에 불과한 것이 아니다. 단어들을 정확히 암송하게 돕는 구체적 도구들이 있지만, 그렇더라도 내면화는 단지 '단어'(words) 알기에 관한 게 아니라 '말씀'(Word) 알기에 지속적으로 초점을 맞추기에 관한 것이다.

【 성경공부의 단계 】

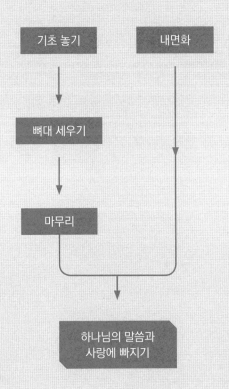

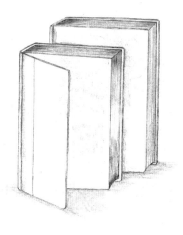

FALLING IN
LOVE WITH
GOD'S WORD

1단계

기초 놓기

큰 그림이 주는 아름다움

이런 장면을 상상해보라. 당신이 취업 면접에 왔는데 면접관이 회사에 대해 궁금한 게 있느냐고 하자 당신은 이렇게 묻는다.

"복사실은 어디에요? 저기 저분은 무엇을 하시나요? 저 기계는 어떻게 작동하죠? 점심시간은 언제인가요?"

면접관은 답을 해준 후 당신을 이상한 눈으로 보며 묻는다. "우리 회사가 무엇을 <u>하는지</u>는 아세요?"

"아뇨. 그런 것들은 나중에 알아보려고요. 전 그냥 곧장 세세한 부분을 알고 싶습니다."

물론, 얼토당토않은 시나리오이다. 어느 직장에 지원할 때는 무엇보다도 먼저 그 회사의 생산품이나 서비스를 알려고 하며, 그것을 알아야 세세한 부분을 들여다볼 수 있다.

이것은 삶에서 거의 모든 부분에 해당된다. 자신이 '세밀하다'라고 생각하더라도, 전체적으로 이해한 후에야 세세한 부분으로 옮겨가고 싶어 한다. 우리는 큰 그림을 열망한다. 왜냐하면 <u>세세한 부분은 큰 그림 속에서만 이해되기 때문이다.</u>

나는 직접 선수로 뛰기도 하고 코치로 활동하기도 하며 13년간 축구에 관여했다. 당신이 축구에 관심이 있다면 '트래핑', '하프 발리', '다이아몬드 수비', '오프사이드 전술' 같은 용어를 이해할 것이다. 이게 도무지 무슨 소린지 모른다면, 나는 "축구는 22명이 경기장에서 뛰면서 공을 상대팀 골대에 차 넣는 게임인데, 단 손을 쓰면 안 됩니다"라는 설명부터 해야 할 것이다. 당신이 축구를 전체적으로 이해한 후에야 우리는 구체적 용어와 전략으로 넘어갈 수 있다.

　축구가 성경공부와 무슨 관계가 있느냐고? 기초 놓기 단계는 이렇게 성경공부 과정에서 세세한 부분을 파고들기 전, 큰 그림을 머릿속에 그리는 단계다. 기초 놓기 단계에서는 성경의 한 책이나 큰 단락을 취해 모든 부분을 일관된 전체로 본다. 이런 형태의 일반적 연구는 크게 일곱 가지 유익이 있다.

기초 놓기 단계는

1. 성경의 한 책을 하나의 전체로 사랑하도록 돕는다.

2. 그 책에 대한 역사적 개괄을 제시하며, 저자의 사고 과정을 이해하도록 돕는다.

3. 그 책의 목적을 찾아내도록 돕는다. 한 책의 목적을 이해하면, 그 책의 어느 부분이든 더 효과적으로 기억하고 나눌 수 있으며, 깊은 공부로 옮겨갈 때 추가적 통찰을 얻을 수 있다.

4. 그 책의 저자와 그 책이 의도하는 청중이나 수신자 간의 관계를 느끼게 해준다(성경의 많은 책이 실제로 편지다).

5. 성경의 한 책이 기록된 정황을 이해하도록 돕는다. 정황을 파악하면 그 책의 메시지를 더 잘 이해할 수 있다.

6. 성경을 내면화하도록 당신의 머리와 가슴을 준비시킨다.

7. 더 진척된 깊은 연구(뼈대 세우기와 마무리)에 큰 힘을 실어주는 견고한 초석을 놓는다.

짧은 뼈대 세우기 단계와 함께, 기초 놓기 단계는 성경공부 과정 전체의 첫 30일을 구성한다(〈부록 A〉'빌립보서로 떠나는 60일간의 모험'을 참조하라). 1단계의 나머지 부분에서는 기초

놓기 단계의 세 요소를 살펴보겠다.[1]

- 기초적 읽기
- 배경 연구
- 목적 선언

01 기초적 읽기

성경을 읽는
바른 방법이 있는가?

성경을 읽다가 딴생각을 한 적이 있는가? 성경을 읽기는 읽었는데 무엇을 읽었는지 하나도 기억나지 않은 적은 없는가? 나는 이럴 때마다 매우 실망스러웠다. 어쨌든 성경은 <u>하나님의 말씀</u> 아닌가! 성경은 가장 신나는 읽을거리여야 하지 않는가?

우리 대부분이 진정으로 성경에 몰두하지 못하고 성경을 사랑하는 법을 배우지도 못하는 까닭은 대개 성경을 <u>바르게</u> 읽지 않기 때문이다. 내 말은 이런 뜻이다. 가장 좋아하는 작가를 떠올려보라. 미스터리 작가이거나 전기작가일 수도 있고, 당신이 가장 좋아하는 주제의 전문가일 수도 있다. 그 저자의 책을 여러 권 읽고 즐겼다면 그 저자의 다음 책이 나오기를 열렬히 고대하며 다음 책도 멋질 것이라고 기대할 것이다.

무슨 말인지 감을 잡았는가? 다음 책도 멋질 거라 기대한다. 많은 사람이 성경이 흥미진진하기를 원한다. 그러나 성경이 실제로 그럴 것이라 기대하지 않는다. 우리는 기대의 힘을 안다. 재미있을 것을 기대하고 파티에 참석하면, 따분할 거라고 예상하고 참석했을 때보다 실제로 파티를 재미있게 즐길 가능성이 높다. 문제를 하나도 못 풀 것으로 예상하고 시험을 친다면 좋은 성적이 나올 가능성이 매우 낮다. 다음에 성경을 읽을 때, 우주의 하나님께서는 당신이 그분의 말씀에 잠기는 시간을 흥미진진하게 여기기를 원하신다는 기대감으로 읽어라. 하나님께서 이것을 원하시기 때문이다!

절대 잊지 말라. 성경을 읽는 시간은 하나님과 함께하는 시간이다. 이 책의 주된 목적은 당신에게 따를 방법이나 적용할 학문적 훈련을 제시하는 것이 아니다. 성경공부는 일차적으로 관계의 시간이다. 관계가 먼저이고 기술은 언제나 그다음이다. 당신과 내게 그 저자를 알 기회가 생겼다. 그분은 우리와 시간을 보내기를 원하신다. 말씀 읽기는 단지 하나님에 관한 정보가 아니라 언제나 하나님과의 관계에 관한 것이어야 한다.

기초적 읽기(Foundational Reading)에는 다섯 요소가 있다. [1]

1. 기도하며 읽기(Prayerful Reading)

2. 진득하게 읽기(Continuous Reading)

3. 반복해서 읽기(Repetitious Reading)

4. 독립적으로 읽기(Independent Reading)

5. 생각하며 읽기(Thoughtful Reading)

이 요소들은 점진적 단계이기보다 말씀에 잠기는 우리의 시간을 변혁하기 위해 동시에 실행에 옮길 수 있는 원리들이다.

기도하며 읽기

잠시, 당신이 풋볼팀 러닝 백(running back, 풋볼에서 후방에 있다가 공을 받아 달리는 공격팀의 핵심 선수)이라고 상상해보라. 당신의 팀은 20야드 라인(터치다운 존 20야드 전방의 라인)에서 공격을 시작한다. 이제 8야드 남았다. 당신의 목표는 엔드 존이다. 당신은 준비가 되었고 어떻게 플레이해야 할지도 안다. 공이 곧장 당신에게 패스되고, 당신은 공을 받아 엔드 존이라는 목표에 집중하며 달린다. 5야드 남았다. 그런데 "탁!" 바로 뒤에서 태클이 들어왔다.

당신은 혼자 바닥에 쓰러져 생각한다. '음… 내가 왜 엔드존에 있지 않은 거지? 왜 5야드밖에 전진하지 못한 거지? 나는 완전히 준비되어 있었다고! 이해할 수 없어!' 마침내, 머릿속에서 작은 목소리가 들린다. "수비수 때문이야!"

당신이 성경을 읽으려 할 때 누군가 '수비'한다는 사실을 아는가? 당신이 원하는 만큼(또는 그 이상) 하나님과 양질의 시간을 갖는 것을 원치 않는 존재가 있다. 베드로는 첫 편지에서 이렇게 경고한다. "근신하라 깨어라 너희 대적 마귀가 우는 사자 같이 두루 다니며 삼킬 자를 찾나니"(벧전 5:8).

대적은 당신의 집중력을 흐트러뜨리고, 더 나아가 "너는 너무 바빠서 도무지 하나님과 함께할 시간이 없어"라며 당신을 설득하려고 온갖 짓을 다 한다! 우리는 이러한 집중력 흐트러뜨리기에 대비해야 한다. 말씀에 잠기는 시간을 피하려는 그 어떤 핑계라도 해결할 준비를 해두어야 한다. 우리 모두 마귀의 방어를 깰 '공격적인' 공격이 필요하다.

이런 까닭에 기도하며 읽기는 매우 중요하다. 우리는 성령의 도움 없이 영적 싸움을 할 힘이 없다. 에베소서 6장에서 바울은 "하나님의 전신 갑주"의 모든 부분을 열거한 후 이렇게 말한다. "모든 기도와 간구를 하되 항상 성령 안에서 기도하고 이를 위하여 깨어 구하기를 항상 힘쓰며 여러 성도를 위하여 구하라"(엡 6:18).

말씀에 잠길 때마다 시간을 내어 하나님의 도움을 구하라. 당신의 생각을 집중시키시고, 그분의 말씀을 당신에게 계시해 주시며, 당신이 그분과 그분의 말씀을 더 깊이 사랑하게 해달라고 기도하라.

성경을 읽을 때 마음이 방황한다면, 읽는 것을 멈추고 다시 얼마간 기도 시간을 가져라. 짧은 한 문장의 기도만으로 다시 집중할 수도 있다. 또는 당신이 성경 읽기를 멈추고 잠시 그분에게 집중하도록 하나님께서 강력히 권고하시는 것일 수도 있다. 어느 쪽이든, 목적은 그저 그날 읽을 분량을 채우는 게 아니라 당신과 하나님의 관계를 세우는 것이다.

성경을 다 읽고 나서도 기도하라. 하루를 살아가는 동안, 하나님께 그리고 당신이 읽은 구절들에 마음을 집중하게 해달라고 성령께 구하라.

원수는 당신이 하나님의 말씀에 잠겨 그분과 함께하는 시간 갖는 것을 원치 않는다. 당신이 성경공부 시간을 따로 떼어 두더라도, 원수는 그 시간이 열매 맺는 것을 결코 원치 않는다. 그러나 하늘 아버지께서는 그 무엇보다도 당신과의 관계가 활기차고 의미 있기를 원하신다. 하나님께서는 당신이 그분의 말씀에 잠기는 시간을 사랑하기 원하시며, 이런 일이 당신의 삶에서 일어나게 하실 수 있다.

앞서 말했듯이, 성경공부는 일차적으로 관계의 시간이다. 기도하는 자세로 하나님의 말씀을 대하는 것이 그분 앞에 나아가는 첫걸음이다. 우리의 바람은 그저 하나님에 관해 배우는 게 아니라 그분에게서 듣고 그분에게 얘기하며 그분을 더 친밀하게 아는 것이어야 한다. 간단히 말해, 우리는 하나님과 함께해야 한다. 기도하며 읽기는 이런 관계를 촉진하는 핵심 요소이다. 하나님의 말씀을 향한 사랑을 기르려 할 때도 기도하며 읽기가 필수이다.

진득하게 읽기

마지막으로 성경의 한 책을 앉은자리에서 다 읽은 게 언제인가? 나는 그리스도인이 되고 20년 동안 한 번도 이렇게 해본 적이 없다. 아예 생각조차 못 했다.

성경을 하루 한 장씩 읽어야 한다는 말을 들었다. 이런 생각은 어디서 왔는가? 성경을 하루 한 장씩 읽는 것이 나쁘다는 말이 아니라 이렇게 읽으면 성경이 살아나지 않을 것이 분명하다는 말이다. 가장 좋아하는 작가의 소설책을 폈는데 하루 한두 페이지만 읽는다는 것을 상상할 수 있겠는가? 제아무리 뛰어난 작가라도 그의 소설은 따분해지고 말 것이다!

성경 한 장(章)을 읽는 데 보통 2-5분 정도 걸린다. 늘 이 정도 시간만 성경을 읽는다면, 3시간 후에는 무엇을 읽었는지 기억하지 못하는 것이 이상하지 않다. 성경을 덮고 일상생활을 할 때라도 전체 메시지가 머릿속에 착 달라붙어 있게 하는 방식으로 읽어야 한다.

진득하게 읽기란 성경의 어느 한 책을 앉은자리에서 단숨에 다 읽는다는 뜻이다. '그러려면 여러 시간이 걸릴 텐데!'라고 생각할지 모른다. 실제로 성경에는 처음부터 끝까지 다 읽는 데 30분이 채 안 걸리는 책이 그보다 더 걸리는 책보다 많다.

복음서와 창세기를 비롯해 여러 책은 다 읽는 데 분명히 훨씬 많은 시간이 걸린다. 이런 책들은 크게 여러 부분으로 나눠 읽어라. 그러면 하루나 이틀, 며칠이면 다 읽을 수 있다.

진득하게 읽기의 목적은 어떤 책을 전체적으로 느끼는 것이다. 진득하게 읽기는 전체 메시지를 잘 이해하게 해준다. 아직은 세세한 부분을 일일이 살피는 것이 아니다(이것은 마무리 단계에서 할 일이다). 기억하라. 지금은 큰 그림을 볼 뿐이다.

반복해서 읽기

성경의 어느 책을 다 읽었으면, 다음날 다시 읽어라. 그다음 날 또다시 읽어라. 그다음다음 날 또다시 읽어라. 하나님의 말씀을 우리 마음에 두는 것이 목적이라면 하나님의 말씀에 푹 잠겨야 한다.

이 원리는 성경공부에만 적용되는 게 아니다. 우리의 뇌가 이런 식으로 작동한다. 우리는 반복이 필요하다. 이런 까닭에, 피아니스트들은 한 곡을 몸에 밸 때까지 수없이 반복하고, 골퍼들은 연습장에서 공을 몇 바구니씩 치고 또 친다. 반복하면 몸에 밴다.

성경의 새로운 책을 공부할 때마다 30일 동안 30번 읽고 시작하려 한다면 좋은 목표다. 너무하다 싶을지도 모르지만, 한 달 후면 성경의 어느 책을 지금껏 알던 성경의 그 어느 책보다 잘 알게 된다. 이것이 반복해서 읽기의 힘이다! 반복해서 읽기는 이야기와 개념을 머릿속에 단단히 집어넣는다. 그래서 한 절씩 공부할 때면, 이미 그 구절의 문맥이 머릿속에 들어와 있다.

성경의 긴 책들은 30일에 30번 읽을 수 없다. 그러나 이런 책은 대부분 하나의 이야기를 들려주므로, 이렇게 많이 반복해서 읽지 않아도 줄거리, 등장인물, 사건을 잘 이해할 수 있다. 이런 책을 읽을 때도 한 달 동안 몇 차례 반복해서 읽은 후 한 절씩 깊이 공부하길 바란다.

처음에는 반복해서 읽기가 틀림없이 지루하리라고 생각될지 모른다. 그러나 각 구절을 이해하고 각 구절이 서로 어떻게 아귀가 맞는지 이해하기 시작하면 성경이 어느 때보다 의미 깊고 흥미진진해진다. 내게는 지난 15년간의 성경 읽기가 첫 15년간의 성경 읽기보다 훨씬 흥미진진했다.

성경을 머릿속에 더 단단히 넣으려면 되풀이해서 읽을 때 같은 성경을 읽어야 한다. 같은 번역으로 읽을 뿐 아니라 같은 성경책으로 읽어야 한다. 이상하게 들릴 수도 있겠다. 그러나 같은 성경책을 사용하면 실제로 애쓰지 않고도 성경을 내면화하는 데 도움이 된다. 당신은 어떤 구절이 페이지의 어디쯤에 있는지 자동적으로 기억한다는 것을 알아차릴 것이다.

기초 놓기 단계에서 구체적인 때(대략 5일에서 7일마다)에 의도적으로 다른 번역으로 읽어라. 이렇게 하면 그 책이 새롭게 보인다. 때로 다른 어휘들이 전에 이해되지 않던 구절에 적잖이

빛을 비춘다. 새로운 번역으로 읽은 후 다음날은 늘 읽던 성경으로 돌아가라. 당신에게 이미 친숙해지는 단락들에 새롭게 얻은 통찰이 더해질 것이다.

하나만 당부하고 넘어가겠다. 반복해서 읽기의 중요성을 낮잡아보지 말라. 열흘이나 보름 후, "됐어. 이건 알았으니 다음으로 넘어갈 수 있겠어!"라고 말하고 싶은 유혹을 느낄 것이다. 하나님의 말씀이 오래오래 당신에게서 떠나지 않기를 바란다면 30일 내내 같은 말씀을 붙잡아라.

독립적으로 읽기

성경을 읽을 때 어느 구절이 무슨 뜻인지 알아보려고 난외주나 주석을 계속 들여다보는가? 주석, 스터디 성경의 설명을 비롯한 참고 자료는 더없이 가치 있는 도구다.

그러나 많은 사람이 어떤 구절을 혼자 이해하려 애써보기도 전에 이런 정보에 의존한다. 마치 자신에게 은근히 이렇게 말하는 것과 같다. "나 혼자서는 성경을 이해할 수 없어. 모든 것을 내게 설명해줄 성경학자가 필요해!" 완전히 틀린 말이다.

이렇게 이해해보자. 하나님께서는 당신이 그분을 알기를 원하신다. 당신이 하나님의 말씀을 대할 때, 하나님께서는 당신이 그분의 말씀을 이해하기 원하시며, 당신에게 친히 자신을 계시하기를 원하신다. 바울이 에베소의 그리스도인들에게 보낸 편지에서 다음 구절을 보자.

> 우리 주 예수 그리스도의 하나님, 영광의 아버지께서 지혜와 계시의 영을 너희에게 주사 하나님을 알게 하시고 너희 마음의 눈을 밝히사 그의 부르심의 소망이 무엇이며…[너희로 알게 하시기를 구하노라] 엡 1:17,18a,19b

성경공부 도구를 지나치게 의존하면, 전능하신 하나님께서 친히 주시는 계시를 받을 기회를 놓친다.

기초 놓기 첫 2,3주 동안 배경 연구 때 외에는 성경공부 도구를 피하라(배경 연구는 다음 장에서 자세히 다루겠다). 이들 도구는 성경공부 과정의 좀 더 깊은 단계에서 중요한 역할을 할 것이다. 그러나 진정으로 하나님의 말씀과 사랑에 빠지고 싶다면 그저 성경의 이야기에 잠기는 데서 시작해야 한다. 그러지 않고 곧바로 세세한 부분을 공부하고 다른 사람들의 통찰에 의존한다면 두 가지 덫에 빠질 위험이 있다.

첫째, 성경을 단지 정보 취득을 위해 읽는 교과서로 볼 위험이 있다. 그렇게 되면 성경 읽기가 하나님과 함께하는 시간이 아니라 하나님에 관한 정보를 얻는 시간이 되고 만다.

둘째, 이렇게 접근하면 성경공부 도구에 성경과 동일한 권위를 부여할 위험이 있다. 누군가 이렇게 말하는 것을 들은 적이 있다. "우리가 주석에 관해 늘 기억해야 할 것이 있다. 주석은 성경에 대한 또 다른 그리스도인의 논평(comments)일 뿐이며, 그것이 곧 성경 자체인 것은 아니다."

내 친구 한 명은 이 두 번째 덫을 의도적으로 피하려고 작은 규칙을 하나 만들었다. 그는 어떤 성경 구절의 관련 주석을 펴기 전에 그 구절을 열 번 읽는다! 이렇게 하면 다른 사람의 논평을 읽기 전에 성경 구절이 머릿속에 새롭게 자리잡는다.

독립적으로 읽기의 목적은 단지 이 두 가지의 덫을 피하는 것만이 아니다. 성경을 독립적으로 읽으면 여러 복이 따라온다.

무엇보다도, 하나님께서 그분 자신의 일부를 당신에게 친히 계시하셨다는 깨달음에 비견할 경험은 없다. 성경을 읽는데 갑자기 한 구절이 앞뒤로 연결되고 이해될 때 자신이 하나님과 엄청 가까워졌다고 느낄 수 있다. 주석을 보거나 설교를 듣는데 하나님께서 그들에게 보여주신 것과 정확히 똑같은 것을 당신에게도 보여주셨음을 깨달을 때 엄청난 기쁨이 있다.

성경을 읽다 보면 이해하기 어려운 구절이 틀림없이 있다. 주석은 이런 구절을 이해하는 데 도움이 된다. 그리고 성경공부 도구를 이용해 인물, 장소, 시대와 관련해 더 많은 정보를 얻을 수 있다(이 부분은 배경 연구를 다룰 때 살펴보겠다). 그러나 독립적으로 읽기에서 핵심은 하나님께서 당신과 '단둘이서' 시간을 보내기 원하신다는 것이다. 그분에게만 시간을 드려라. 후회하지 않을 것이다.

생각하며 읽기

성경 읽기를 논할 때 "여러분은 성경을 읽으면서 딴 데로 돌아다니는 마음과 씨름한 적이 있습니까?"라고 질문하면 사람들은 늘 고통스럽게 한숨지으며 고개를 끄덕인다(당신도 지금 그랬는지도 모르겠다). 성경을 공부하는 사람들이 가장 공통적으로 겪는 문제다.

기도하며 읽기에서 말했듯이, 원수는 우리가 성경에 집중하는 것을 막으려고 수단 방법을 가리지 않는다. 성경을 읽을 때 이런 일이 일어나지 않도록 먼저 기도로 준비하는 외에 취할 수 있는 구체적 단계가 있다.

소리 내어 읽어보자

첫째, 생각이 돌아다니지 않게 하려면 노력이 필요하다. 생각하며 읽기에 노력을 쏟을 때, 이것은 우리가 성경을 읽는 방식으로 붙박이게 된다. 내가 집중하는 데 가장 도움이 된 방법은 소리 내어 읽는 것이다. 성경을 소리 내어 읽어보았는가? 나는 그리스도인이 된 지 15년이 되도록 한 번도 그렇게 해보지 않았다!

소리 없이 읽으면 모든 구절이 같은 소리, 즉 변화가 없고 단조로운 소리를 내는 경향이 있다. 소리 내어 읽으면 구절에 담긴 감정이 들린다. 저자의 연민, 좌절, 슬픔, 기쁨 등이 느껴지며, 저자가 그 구절을 직접 우리에게 말하는 광경을 실제로 그려볼 수도 있다. 소리 내어 읽으면 뇌가 성경을 한 번 더 받아들여서, 기억하기가 한결 쉬워진다. 어떤 정보이든 읽고 들은 것은 읽기만 한 것보다 훨씬 많이 기억된다는 것을 여러 연구가 보여준다.

질문을 던지며 읽어보자

둘째, 생각하며 읽기의 또 다른 요소는 여러 시각으로 읽는 것인데, 가장 손쉬운 방법은 읽는 내내 머릿속으로 질문하는 것이다. 빌립보서를 예로 들어보자. 빌립보서를 읽으며 어느 날은 "바울은 이 편지를 쓸 때 어떤 느낌이었을까?" 하고 물을 수 있겠다. 다음 날은 "빌립보교회에 앉아 처음 낭독되는 이 편지를 들을 때 어떤 느낌이었을까?"라고 물어보고, 셋째 날은 "나를 비롯해 주변 사람들이 이 편지의 메시지를 살아낸다면 내 가족(또는 나의 공동체)이 어떤 모습일까?" 이렇게 물을 수도 있겠다.

읽는 동안 집중을 돕는 다른 질문도 생각해보라. 우리는 어떤 구절을 똑같은 방식으로 읽기보다 날마다 다른 각도에서 읽을 때 더 쉽게 집중하고 더 많은 것을 도출한다. 성경을 '새롭게 말할 거리라고는 없는 단조로운 책'으로 믿게(아무리 무의식적으로라도) 하려는 것은 원수의 속임수이다. 이보다 진실에서 벗어난 것은 없다.

⚜

기도하며 읽기, 진득하게 읽기, 반복해서 읽기, 독립적으로 읽기, 생각하며 읽기. 이 다섯 가지 기술을 활용하면, 하나님의 말씀을 이해하고 사랑하며 내면화하는 데 큰 진전이 있을 것이다. 하나님께서 늘 의도하시듯이, 성경이 놀라운 관계 건축자가 되리라고 곧 기대하게 될 것이다.

02 배경 연구

맥락을 알아야
큰 그림이 그려진다

성경을 읽을 때 당신은 읽는 책이나 편지의 저자를 얼마나 생각하는가? 그 책이나 편지의 첫 독자들을 얼마나 생각하는가? 그들이 직면했을 상황이나 사회·정치 환경을 생각하는가? 우리는 삶의 여러 부분에서 '맥락'의 중요성을 본능적으로 안다. 예를 들면, "금방 돌아올게요!"라는 문장은 딸이 대학에서 첫 학기를 보내려 비행기에 오르면서 말할 때와 누군가 하프타임에 냉장고로 달려가면서 말할 때 그 의미가 완전히 다르다. 맥락을 먼저 알지 못하면, 어떤 상황에서든 큰 그림을 파악하기란 불가능하다.

맥락을 이해하면 성경의 한 책을 공부할 때도 이런 차이가 생길 수 있다. 어떤 책의 저자와 관련해 세세한 부분과 특징, 저자와 수신자가 당시에 직면했던 상황과 도전, 그들의 주변 세계에서 일어난 사건들을 알게 되면 그 책을 아주 새로운 시각으로 보고 새로운 깊이로 이해하게 된다. 배경 연구를 기초 놓기 단계에 통합하면, 한 구절을 정확히 해석하고 삶에 적용하는 데 필수적인 맥락을 알 수 있다.

배경 연구는 다음 세 기본 질문에 답한다.

- <u>누가</u> 이 책을 썼는가? (저자)
- <u>누구</u>에게 썼는가? (청중)
- 이 책을 쓸 때 <u>무슨</u> 일이 일어나고 있었는가? (환경)

이 질문들에 대한 답을 책 자체에서 어느 정도는 찾을 수 있지만, 배경 연구에는 당신을 도와줄 다른 도구들이 필요할 때가 많다. 스터디 성경은 대부분 각 책의 맨 앞부분이나 맨 뒷부분에서 맥락과 관련된 정보를 제공한다. 이런 정보도 분명 도움이 되지만, 여기서 원하는 정보를 모두 얻는 경우는 드물다. 이 장 끝에서, 당신에게 도움이 될 만한 몇몇 도구와 자료를 짧게 소개하겠다.

배경 연구에서 놀라운 점은 읽고 있는 책을 원하는 만큼 깊이 파고들 수도 있고 그 책의 전체 맥락을 이해하는 선에서 넘어갈 수도 있다는 것이다. 배경 연구를 매일 해서는 안 된다. 오히려 30일간의 기초 놓기와 뼈대 세우기에서 사흘을 배경 연구를 위해 떼어 놓는 게 좋다(〈부록 A〉의 일정을 참조하라).

아직 이런 방법을 활용하지 않고 있다면, 지금부터 배경 연구를 통해 찾아낸 정보를 일기나 일지에 기록하거나 컴퓨터 파일로 정리하라. 자신이 공부한 맥락을 기억하지 못하면 헛고생한 셈이다. 기록하기는 우리의 뇌에 뭔가를 집어넣고 그것이 거기 머물도록 돕는 추가 방법일 수 있다. 이렇게 하면 그 정보를 재빨리 되찾아볼 수 있다. 일기는 단순히 정보 정리 수단을 넘어 성경을 공부할 때 하나님께서 친히 계시하시는 진리를 기록하는 곳이 될 수도 있다.

나의 경우는 내용을 계속 추가할 수 있는 컴퓨터 문서가 가장 효과적이었다. 어떤 사람들은 개요 작성이나 내러티브 일기가 더 효과적이라고 말한다. 다양한 방식을 시도해보면서 당신의 정보를 당신이 가장 잘 기억하게끔 체계화하고 적용하는 데 도움이 되는 방식을 찾아 적용하라.

| 배경 연구 1 · 저자 | 누가 이 책을 썼는가

외부 자료를 파고들기 전, 먼저 "성경은 저자에 관해 뭐라고 말하는가?"를 묻는 것이 항상 중요하다.

당신은 자신이 공부하는 책을 읽을 때 먼저 저자와 관련된 정보를 기록하는가? 저자는 이 책을 쓸 때 어디 있었는가? 저자는 한 사람인가, 아니면 여러 사람인가? 저자는 어떤 분위기에 처했다고 보이는가? 저자는 수신자들을 독려하는가? 수신자들에게 감사하는가? 수신자들에게 도전을 주는가? 수신자들에게 실망하는가? 저자는 자신과 관련해 또 어떤 정보를 제공하는가?

책 자체에서 추론 가능한 모든 것을 추론한 후에야 다른 자료로 옮겨가야 한다. 베드로의 편지나 바울의 편지 중 하나를 공부한다면 사도행전에서 배경 정보를 얻을 수 있겠다. 베드로와 바울은 자신들의 편지에서 사도행전이 말하는 사건들을 언급하며, 몇몇 사건은 아주 자세히 설명한다. 그리고 사도행전은 신약의 또 다른 저자 야고보와 요한에 관한 정보를 얻기에 좋은 곳이기도 하다. 복음서도 몇몇 신약 저자들, 특히 예수님의 제자였던 저자들에 관한 정보를 담고 있는 게 분명하다.

당신이 구약 율법서 중에 한 권을 공부한다면 출애굽기를 통해 모세에 관해 배우는 것이 좋겠다. 다윗이나 솔로몬의 저작 중 하나를 공부한다면, 사무엘서와 열왕기서를 읽어보는 것이 좋겠다. 많은 스터디 성경이 당신이 읽는 구절과 관련된 정보를 성경의 다른 어디에서 찾을 수 있는지 알려준다(이런 시스템을 '상호 참조'라 한다).

이제 성경 사전, 성경 핸드북 등 어떤 성경공부 도구든 이용해도 좋다. 당신이 공부하는 책의 저자에 관한 정보를 더 찾아 읽어라. 읽으면서, 기억하고 싶은 핵심 정보를 기록하라. 여기서 당신의 창의력이 발휘될 수 있다. 이 정보를 늘 곁에 두고 언제든 다시 꺼내 볼 수 있게 정보를 기록하는 방식을 찾아라. 내 목적은 그저 당신에게 목록을 하나씩 확인하고 끝내는 과제를 부여하는 게 아니다. 나는 당신이 하나님의 말씀과 사랑에 빠지고, 자신이 기록해둔 메모로 거듭 돌아가길 바란다!

내 경우, 배경 연구를 체계적으로 정리하는 가장 쉬운 방법은 기초 개요 시작 부분에 핵심포인트를 별도로 표시하여 정리해두는 것이다. 당신의 노트에서 한 부분을 배경 연구에 할애하면 좋겠다. 그러나 앞서 말했듯이, 일기나 일지, 개요, 또는 다른 어떤 것이 당신에게 더 효과적일 수도 있다. 핵심은 기록하라는 것이다. 그러지 않으면 기억하지 못한다!

내가 나의 소그룹 구성원에게 쓰는 편지와 우리 교회의 모든 교인에게 쓰는 편지는 다르지 않겠는가? 우리 교회에 쓰는 편지는 시애틀 지역에 사는 모든 그리스도인에게 쓰는 편지와 다르고, 미국의 모든 그리스도인에게 쓰는 편지와도 다르지 않겠는가? 이 편지는 또한 세상 모든 그리스도인에게 쓰는 편지와 다르지 않겠는가? 대답은 분명하다. "물론, 다를 것이다."

이런 질문들이 성경의 다양한 책에 적용되는 예를 셋만 들겠다. 디모데후서 1장 2절에서 사도 바울은 "사랑하는 아들 디모데"에게 편지를 쓰고 있다고 말한다. 데살로니가전서 1장 1절에서는 "데살로니가인의 교회"에 편지를 쓰고 있다고 말한다. 베드로의 첫째 편지는 또 다르다. 베드로전서 1장 1절은 "본도, 갈라디아, 갑바도기아, 아시아와 비두니아에 흩어진 나그네"에게 이 편지를 쓴다고 말한다.

어떤 편지는 한 사람에게 쓰고 어떤 편지는 여러 사람에게 썼다. 어떤 편지는 유대 배경을 가진 사람들에게 쓰고 어떤 편지는 이방인들에게 썼으며 어떤 편지는 양쪽 모두에게 썼다. 몇 시간이고 수신자를 연구하며 보낼 필요는 없다(원한다면 그렇게 할 수 있겠지만). 그러나 어떤 책의 목적을 제대로 파악하면 그 책 저자의 청중을 이해하는 데 분명히 도움이 된다.

배경 연구에서 청중 연구 방법은 저자 연구 방법과 똑같다. 먼저, 자신이 공부하는 책에서 찾아낼 수 있는 것을 찾아내라. 그런 후에 성경의 다른 부분으로 옮겨가라(적용 가능한 다른 구절들이 있다면). 그다음으로, 외부 자료에서 정보를 찾아라. 잊지 말고 기록하라.

| 배경 연구 3 · 환경 | 이 책을 쓸 때 무슨 일이 있었는가?

내가 하와이 해변에 앉아 당신에게 힘든 시절을 잘 견디라고 편지를 썼다면 그 영향력이 어느 정도이겠는가? 내가 감옥에서 그 편지를 썼다면 나의 '영향력 수위'가 올라가겠는가? 물론이다. 어느 책의 환경이나 정황에 대한 이해가 그 책의 메시지를 이해하는 데 더없이 중요하다.

맨 처음에 해야 할 질문은 "언제 이 책을 썼는가?"이다. 성경에 학자들이 실제 저작 연대를 확신하지 못하는 책이 몇 권 있긴 하지만, 대부분은 저작 연대가 비교적 잘 알려져 있다. 대부분의 스터디 성경이나 주석은 이런 정보를 담고 있다.

책의 저작 연대가 확인되면 그 책의 메시지는 엄청난 신뢰성을 갖는다. 베드로후서를 예로 들어보자. 이 편지 서두에서 베드로는 "우리 주 예수 그리스도의 능력과 강림하심을 너희에게 알게 한 것이 교묘히 만든 이야기를 따른 것이 아니요 우리는 그의 크신 위엄을 친히 본 자라"(벧후 1:16)라고 썼다.

베드로후서는 AD 60-70년 무렵 기록되었다. 이것은 베드로가 이 편지를 쓸 때, 그가 예수님이 하셨다고 주장하는 모든 일을 예수님이 실제로 하실 때 그분 주위에 있던 많은 사람이 여전히 살아 있었다는 뜻이다. 베드로가 이야기를 지어냈다면 틀림없이 "친히 본 자"들(eyewitnesses)이 나서서 그의 주장이 잘못됐다고 지적할 수 있었을 것이다. 베드로의 편지를 읽는 사람들 중에 예수님의 생애를 직접 본 자들이 있었다는 사실은 베드로 저작의 권위를 높여준다.

어떤 책의 '저작 연대'가 해결되었다면, 환경과 관련된 나머지 연구는 저자가 그 책을 쓸 당시 저자와 수신자들이 처했던 상황과 연관이 있다. 여느 책의 배경을 연구할 때처럼 당신은 원하는 만큼 깊이 들어갈 수 있다. 먼저 성경 자체에서 얻을 수 있는 정보로 시작하라. 이번에도 사도행전은 신약의 많은 편지와 관련해 좋은 참고가 될 수 있다. 구약 예언서 중 하나를 공부한다면 사무엘서, 열왕기서, 역대서 같은 역사서가 도움이 된다. 이와 비슷하게, 구약 역사서 중 하나를 공부한다면 예언서에서 그 시대의 영적 환경과 관련된 통찰을 얻을 수 있다.

더 많은 정보를 원한다면, 많은 성경 사전과 주석에서 저자와 수신자가 직면한 문제의 배경과 관련된 정보를 얻을 수 있다. 읽을 때, 몇몇 핵심 개념을 성경공부 노트에 기록하라. 다양한 자료에서 정보를 얻을 때, 핵심을 한 곳에 정리해두면 나중에 쉽고 빠르게 찾아볼 수 있다.

배경 연구에서 환경 공부를 아주 재미있어하는 사람이 많다. 한 도시, 문화, 사람들, 개인에 관해 알수록 더 알고 싶어진다. 찾아낼 수 있는 (기독교와 세상의) 역사 정보는 무궁무진하기에 배경 연구의 깊이는 말 그대로 끝이 없다. 핵심은 성경이 당신에게 살아나 더 생생해지는 데 필요한 배경 정보가 어느 정도인지 알아내는 것이다. 어떤 사람은 20분 훑어보는 것으로 충분하고, 어떤 사람은 여러 시간으로도 부족해 보인다.

성경공부 도구와 자료

다음은 당신의 스터디 성경보다 자세한 정보를 원할 때 유용하게 사용할 수 있는 도구들이다.

성경 사전/백과사전

- 성경 사전과 백과사전은 저자, 수신자, 도시 연구에 더없이 유용하다.
- 좋은 단권 성경 사전이 많고 여러 권으로 된 성경 백과사전도 있다. 어떤 백과사전은 삽화가 많고 활용하기 매우 쉽다. 어떤 백과사전은 매우 자세하고 학문적이다. 기독교 서점에 들러 직접 살펴보고 고르는 게 최선이다.

성경 핸드북

- 성경 핸드북은 성경의 다양한 책, 도시, 집단의 관습, 정치, 역사를 탐구하며, 배경 연구와 관련해 환경에 관한 풍부한 정보를 제공한다.

성경 지도

- 성경 지도는 성경 시대 여러 지역의 지리, 기후, 지형을 아주 깊이 파고든다.
- 기본적인 지리 정보는 대부분의 성경 사전, 백과사전, 핸드북에서 얻을 수 있다. 성경 지도는 성경 지리에 관심이 많고 성경 어느 책의 환경을 공부하면서 자세한 정보를

원하는 사람들에게 아주 훌륭한 자료이다.

주석

- 주석에는 성경의 책을 한 절씩 설명하는 주석이 있고 한 단락씩 설명하는 주석이 있다.
- 대부분의 주석은 첫째 장(章)에서 상당한 일반 정보를 제공한다.
- 여기 언급된 다른 도구들처럼, 주석도 성경 전체를 한 권으로 다루는 간결한 주석부터 성경 각 권을 따로 다루는 주석들로 이루어진 전집까지 형태가 다양하다.
- 주석들은 다른 그리스도인들이 쓴 논평일 뿐이기에, 모든 주석은 저자의 신학적 입장을 수반한다. 당신의 교회 교역자나 믿을만한 친구와 상의하면서 자신에게 가장 적합한 주석을 추천받아라.

이들 자료 중 한두 가지만 구매할 계획이라면 좋은 성경 백과사전과 단권 주석을 적극 추천한다.

이러한 도구를 개인적으로 구입할 여력이 안 되더라도, 대부분의 도서관(교회 도서관이든 공공 도서관이든)에 이들 자료가 비치되어 있고, 자료 중에는 인터넷*이나 훌륭한 소프트웨어에서 찾을 수 있는 것이 많다. 소프트웨어를 활용하면 여러 책을 한꺼번에 검색할 수 있고, 찾아낸 정보를 '복사-붙여넣기'로 성경공부 노트에 첨부할 수 있다. 지역 기독교 서점에서 절대 찾지 못할 엄청난 분량의 도서에 접근할 수 있는 비교적 저렴한 방법이다.

---

* www.keithferrin.com에 접속해 "Resources"를 클릭하면 여러 온라인 자료에 대한 간단한 소개를 접할 수 있다.

03 목적 선언

핵심이
무엇인가?

목적 선언(Purpose Statement)이란, 간단히 말하면 어떤 책의 핵심 목적이나 초점을 요약하는 짧은 한두 문장이다. 열렬 독자에게 목적 선언은 신간 뒤표지에 인쇄된 글이다. 경영자에게는 회사 강령이고, 야구팬에게는 어제 경기의 성적표이다.

목적 선언은 저자가 다루는 주된 주제를 머릿속에 명확히 하는 데 도움이 된다. 목적 선언은 나중에 성경의 한 책이 무엇에 관한 것인지 빠르게 기억해내는 수단이 된다. 성경의 더 많은 책을 공부할수록 목적 선언 모음은 어느 책이 어느 주제를 다루는지 기억해내는 데 도움이 된다.

좋은 목적 선언을 작성하는 과정은 간단하게 4단계로 요약되며, 기초 놓기 단계 전체에 들어간다.

목적 선언 작성의 4단계

1단계 : 책을 적어도 열 번은 읽어라

성경의 어느 책을 겨우 한두 번 읽었다면, 목적 선언 작성에 많은 노력을 기울여봐야 십중팔구 시간 낭비이다. 그러나 열 번 읽었다면 그 책의 목적을 꽤 잘 알 것이다. 머리로 아는 것을 종이에 옮겨 적으면 된다.

2단계 : 저자가 말하려는 바를 짧게 요약하라

이 시점에서는 머릿속 생각들을 종이(또는 컴퓨터 파일)에 옮기면 된다. 당신이 저자의 목적이라고 믿는 것을 적어라. 왜 저자가 이 책을 쓰고 있는가? 개별 개념이 아니라 전체 메시지에 초점을 맞춰라. 성경의 전체 주제들은 개별 구절이 제시하는 핵심만큼이나 일상에 적용될 수 있다.

처음부터 완벽하게 작성하려고 애쓰지 말라. 처음부터 한두 문장으로 정리하려고 애쓰지도 말라. 그건 나중 일이다. 물론, 초안이 세 페이지나 된다면 좀 심했다. 전형적으로 초안은 한 단락 정도다.

3단계 : 같은 책을 5일 더 읽고 목적 선언으로 돌아가라

이것은 매우 중요하다. 당신이 작성한 목적 선언을 매일 손보지는 말라. 하루 작성한 다음, 5일 정도는 반복해서 읽기와 기초 놓기 단계의 몇몇 요소를 계속하라. 이것은 이 성경공부 방법의 거의 모든 부분에 적용된다.

성경공부를 즐기지 못하는 사람들은 대부분 같은 일을 매일 반복한다. 예를 들어, 나는 피자를 좋아하지만 며칠 동안 매일 피자를 먹었다면 다른 것이 먹고 싶어진다. 하루하루 다른 요소들에 초점을 맞추면, 당신은 그것들을 해야 하는 또 다른 일로 느끼는 게 아니라 각 요소로 돌아가기를 고대할 것이다.

같은 책을 5일 더 읽은 후, 초안을 읽고 필요한 부분을 수정하라. 당신의 첫 느낌 중 많은 부분이 초안으로 끝날 것이다. 그러므로 대대적인 수정이 필요하다고 생각하지 말라. 사실 처음에 조금 자세히 시작했으므로, 몇몇 부분을 걷어내고 한두 단어를 바꾸면 충분할 것이다.

4단계 : 반복하고 마무리하라

그 책을 공부한 지 20일 즈음에 3단계를 반복하고 세 번째 초안을 작성하라. 힘들어 보일지 모르지만, 대부분은 10일에

다 해놓은 것이다. 이번 교정은 이미 작성한 초안을 가다듬는 정도이므로 대략 5분 안에 끝날 것이다.

25일에 목적 선언을 마무리하라. 이 시점에서 당신의 목표는 한 책의 전체 목적을 한두 문장으로 압축하는 것이다. 이제 목적 선언을 작성해두었기에, 단지 누군가가 그 책이 무엇에 관한 것이라고 말할 때보다 기억하기 쉽다.

목적 선언의 예시

다음은 로마서, 디모데후서, 골로새서의 목적 선언을 예로 든 것이다.

로마서

사람은 모두 죄인이며, 오직 하나님의 아들 예수 그리스도의 삶과 죽음과 부활을 통해 나타난 하나님의 주권적 은혜를 믿는 믿음으로 하나님께서 보시기에 의로워질 수 있다. 우리는 이러한 하나님의 은혜에 반응하여, 하나님께 순종하고 다른 사람들도 그렇게 하도록 독려하며 삶으로써 하나님께 영광을 돌려야 한다.

디모데후서

우리는 그리스도인의 삶을 사느라 몸부림치는 가운데 그리스도를 향한 열정을 지속적으로 기르고, 성실하며 말씀에 변함이 없으신 하나님에게 계속 집중해야 한다.

골로새서

그리스도는 하나님의 형상이며 만물 위에 지존하시고, 우리의 충만은 오직 그분 안에 있다. 우리 믿음의 전부, 곧 내적 신앙과 외적 행동이 오롯이 그리스도에 기초해야 한다.

기초 놓기는 성경공부 과정에서 세세한
부분을 파고들기 전, 큰 그림을 머릿속에
그리는 단계다.

- 올바른 성경 읽기 : 성경이 흥미진진하
  기를 기대하라! 하나님에 관한 '정보'가
  아니라 '하나님'을 알아가는 시간이다.

- 배경 연구 : 저자, 청중, 환경에 관해 알
  면 그 책을 보는 새로운 시각이 열린다.

- 목적 선언 : 그 책의 주제를 요약하라.
  주제는 저자가 그 책을 쓴 목적이다.

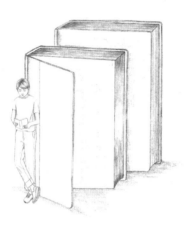

FALLING IN
LOVE WITH
GOD'S WORD

2단계

뼈대 세우기

우리 집을 짓는 과정을 지켜보니 모든 게 골조(骨組), 즉 뼈대 세우기를 중심으로 돌아갔다. 집 전체의 뼈대 세우기는 한두 주밖에 걸리지 않았지만, 기초 놓기에서 했던 사전 작업과 그 후에 이루어진 모든 일이 뼈대를 통해 연결되었다.

우선, 지상의 모든 것과 지하의 모든 것을 연결하는 것이 뼈대였다. 볼트로 목재를 시멘트에 고정했다. 지진 때 집이 뒤틀려 무너지지 않도록 금속판을 제자리에 설치했다.

그 뼈대가 나머지 모든 요소를 잡아주는 '고리'라는 점도 똑같이 중요했다. 뼈대는 각 하청업자가 따라갈 지도를 제시했다. 난방공은 모든 방이 따뜻하도록 도관과 환기구를 어디에 설치해야 할지 알았다. 전기공은 배선이 바닥을 가로지르거나 천장에서 늘어지지 않게 전선을 고정해야 했다. 배관공은 설비 계통도에 따른 배관도를 토대로 싱크대, 변기, 샤워기를 정확히 어디에 설치해야 할지 알 수 있었다.

또한, 뼈대 세우기의 질이 핵심이다. 이 말의 의미를 이해하려면 뼈대가 허술한 집에 벽체를 붙여본 사람에게 물어보라. 뼈대가 튼튼하면 벽체도 튼튼하고 편평하게 잘 고정된다. 뼈대가 허술하면 얼마 못 가서 벽체가 벌어지고 균열이 생긴다.

뼈대를 제대로 세우려면 두 단계를 거쳐야 한다. 우선, 기초의 윤곽을 따라 뼈대를 세워야 한다. 뼈대를 세우는 사람은 단순히 어느 방의 뼈대를 세우고 다음 방으로 옮기고, 계단을 만들고서 다른 방을 만드는 식의 마구잡이로 일하지 않았다. 먼저 외벽을 세우고, 집의 전체 구조가 안전하고 곧고 튼튼한지 확인했다. 그런 후에야 내벽을 세우고 계단 등을 만들었다.

마찬가지로, 성경공부 과정에서 뼈대 세우기는 두 단계로 구성된다.

1. 기초 개요

- '외벽' 세우기
- 주된 개념들만 포함하며 저자의 사고 과정을 따라간다.

- 매우 전반적이다.

2. 뼈대 개요

- '내벽' 세우기
- 책을 하루에 탐구하기 적절한 크기의 단락으로 잘게 쪼갠다.

성경의 어느 책이나 단락을 공부할 때 이렇게 '뼈대 세우기'를 통해 두 개요를 작성하면 다음과 같은 네 가지 유익이 있다.

뼈대 세우기는

- 저자의 사고 과정을 당신의 머릿속에 넣어준다.
- 기초 놓기 단계의 일반적 접근법과 마무리 단계의 세밀한 접근법을 연결하는 '다리'가 된다.
- 수년간 성경의 한 책을 복습하는 빠른 방법을 제공한다.
- 공부하는 성경의 한 책을 더 깊은 공부(마무리)에 적합한 '하루 분량'으로 세분한다.

저자의 사고 흐름을
어떻게 따라갈 수 있는가?

성경의 어느 책 전체를 2분 만에 복습한다고 상상해보라. 2분이면 양치질을 하거나 메일을 열어보거나 커피를 한 잔 더 채우거나 사무실에서 주차장까지 가는 시간이다. 기초 개요는 당신이 이렇게 할 수 있게 해준다.

기초 개요는 성경의 한 책을 훑으며 저자의 사고 과정을 이해하도록 돕는 짧은 어구들로 구성된다. 이 짧은 개요는 큰 그림을 당신의 머릿속에 고정시키는 간결한 방식으로 그 책의 '기초' 요소들을 배치한다.

이 장 끝에 제시된 기초 개요 샘플 중 하나를 읽는 데 기껏해야 1,2분밖에 안 걸린다. 당신이 직접 기초 개요를 작성했다면 샘플을 읽을 필요조차 없다. 당신은 기초 개요를 외웠을 테고,

따라서 한 책의 핵심 요소들을 아주 짧은 시간에 복습할 수 있다. 장담하는데, 기초 개요를 잠시 생각하면 '2분 창문'을 하루에도 여러 개 열 수 있다. 하나님의 말씀 한 단락을 묵상하는 것보다 시간을 잘 사용하는 방법이 있겠는가?

개요 잡기의 목적은 당신을 교과서 한 장(章) 전체의 개요를 작성해야 했으나 다음 날이면 작성해둔 그 개요는 제쳐두고 그다음 장의 개요를 작성해야 하는 고등학교 시절로 되돌리려는 게 아니다. 오히려, 당신이 이 과정의 각 요소가 앞서 해놓은 부분을 강화하고 향상시키며 세워주는 것을 보고 싶다.

다음은 이것을 보는 한 방법이다. 목적 선언은 당신이 작성하는 개요의 제목이다. 기초 개요는 주요 제목(I, II, III…)을 포함하며, 어쩌면 소제목(1, 2, 3…)도 포함한다. 뼈대 개요는 더 잘게 쪼갠다((1),(2),(3)…). 마지막으로, 당신이 단락, 단어, 어구에 대해 작성하는 메모가 세밀함을 더한다(①,②,③…).

나로서는 이 모두를 한꺼번에 한다는 것을 상상도 할 수 없다. 그러나 매일 조금씩 하면 공부하는 특정 책을 곧 깊이 이해하게 될 것이고, 그와 동시에 사랑하게 될 것이다!

기초 개요 작성 과정을 논하기 전에 짚고 넘어갈 것이 있다. 이런 방식의 개요 작성이 대부분의 사람에게 도움이 되기는 하지만, 모두에게 도움이 되는 것은 아니다. 일반적 개념에서 구체적인 부분으로 옮겨가며 공부한다는 개념이 가장 중요하다. 당신이 일반적 개념을 목록으로 작성하는 게 편하다면 그렇게 하라. 시간을 두고 이야기 형식으로 쓰는 것이 당신에게 가장 즐겁고 효과적인 방법이라면 그 방법을 사용하라.

　다만 무엇을 하든, 먼저 큰 그림을 본 후에 일반적 개념으로 넘어가고, 마지막에 세세한 부분을 파고들어라. 당신에게 어떤 형태가 가장 유용하든, 이 방식을 적용하면 곧바로, 지속적으로 효과가 있을 것이다.

기초 개요 작성의 4단계

기초 개요 작성은 앞장에서 논한 목적 선언 작성의 4단계와 패턴이 동일하다(이러한 단계의 일정표에 관해서는 〈부록 A〉를 보라).

1단계 : 책을 적어도 열 번 읽어라

　목적 선언을 작성할 때처럼, 성경의 어느 책을 겨우 한두 번 읽고 기초 개요를 작성하려 한다면 엄청난 가욋일을 하게 될 것이다. 대신에, 목적 선언 작성을 완료한 바로 다음 날 기초 개요에 집중해볼 수도 있다. 또 다른 방법은 목적 선언과 기초 개요 사이에 기초적 읽기를 끼워 넣어 이 '학구적'인 두 행위를 이틀 연이어 하지 않도록 하는 것이다. 당신에게 효과적인 패턴을 찾아 그 패턴을 고수하면 된다.

2단계 : 자연스럽게 끊어지는 부분을 찾아 초안을 작성하라

읽을 때, 먼저 저자의 사고 흐름에서 자연스럽게 끊어지는 부분들을 찾아라. 저자는 어디에서 한 주제나 이야기에서 다음 주제나 이야기로 넘어가는가? 지금은 모든 단락의 제목을 작성할 때가 아니다. 이 장 끝에 제시한 여러 예에서 볼 수 있듯이 전체 기초 개요는 한 페이지가 안 되며, 따라서 지금은 전반적 수준에 머물러야 한다.

당신에게 이미 단락을 나누고 제목까지 붙인 스터디 성경이 있더라도, 그 단락 구분과 제목을 사용하지 말라. 물론 그 스터디 성경이 단락을 정확히 나누고 제목도 완벽하게 붙였을 수도 있다. 그렇다면 그 제목을 한두 개쯤 사용할 수 있다. 그러나 대부분의 스터디 성경은 해당 책의 제목들을 이 시점에서 필요로 하는 것보다 잘게 쪼갠다.

또한, 당신이 저자가 말한다고 믿는 내용의 핵심이 담긴 어구를 찾아낼 기회를 자신에게 부여하라. 자신이 작성한 개요에 적합한 제목을 직접 찾아낼 때 하나님의 말씀에 잠기는 시간이 더 즐거워질 것이다. 당신이 하나님과 그분의 말씀과 교류하게 될 것이기 때문이다. 당신은 단순히 구경꾼이 아니라 참여자가 되며, 뿐만 아니라 공부하는 내용을 훨씬 잘 기억할 것이다.

3단계 : 5일 더 읽고, 작성해둔 기초 개요로 돌아가라

앞 장에서 언급했듯이, 같은 일을 매일 하지 않는 것이 매우 중요하다. 작성한 기초 개요를 치워두고 다른 일(배경 연구나 목적 선언 작성)을 계속하거나 그저 며칠 동안 성경을 읽어라. 11일에 초안을 작성했다면 16일쯤에 편집/수정하겠다고 계획하라. 당신은 편집 사이에 매일 그 책을 계속 읽어야 하며, 따라서 편집 때마다 그 책을 더 분명하게 이해하게 되고 그때마다 당신의 편집은 단순해질 것이다.

기초 개요 편집을 위해, 초안을 옆에 두고 당신이 공부하는 책을 다시 읽어라. 당신이 처음 선택한 제목들과 소제목들이 여전히 정확해 보이는지 확인하라. 여전히 정확해 보인다면 멋진 일이다! 그렇지 않다면 필요한 부분을 수정하라. 대부분의 사람들은 초안에서 단락을 지나치게 잘게 쪼개는 경향이 있다. 성경의 그 책을 다시 읽다 보면 당신이 세분한 몇몇 제목보다 이것들을 아우르는 하나의 제목이 더 적합해 보이는 경우도 있을 것이다. 이 시점에서 당신이 할 일은 11일에 작성한 개요를 조이는 것뿐이다. 매번 새로운 개요를 다시 쓰는 것이 아님을 기억하라!

4단계 : 반복하고 마무리하라

두 번째 초안을 치워두고 며칠간 다른 일을 하고 나면, 21일쯤에 신속하게 한 번 더 '편집'하고 싶을 것이다. 편집 때마다 수정할 부분이 점점 줄어들 것이고, 26일 즈음이면 당신의 기초 개요를 마무리할 준비가 되어 있을 것이다. 이때쯤이면 제목과 소제목만 있는 짧은(반 페이지에서 조금 많거나 적은 정도) 개요가 완성되어야 한다. 당신의 개요에 여러 다른 수준이 붙어 있다면, 뒤에서 다룰 뼈대 개요 작성을 이미 시작한 것이다.

기초 개요의 예시

디모데후서

Ⅰ 여는 말 1:1-2

Ⅱ 개인의 신실함에 집중하라 1:3-2:26

  1. 과거 세대의 신실함 1:3-7

  2. 바울의 본 1:8-15

  3. 이러한 본을 따라 경건을 구하라 2:1-26

  4. 하나님의 신실함 2:8-13

Ⅲ 말에 대한 경고 3:1-9

Ⅳ 바울의 권면 3:10-4:8

  1. 인내하며 믿음을 지켜라 3:10-17

  2. 말씀을 전하라 4:1-8

Ⅴ 닫는 말 4:9-22

  1. 로마로 오라는 초대 4:9-18

  2. 마지막 인사 4:19-22

골로새서

어떻게 내게 알맞은 크기로 쪼갤 수 있는가?

나는 많은 분량을 할애해 우리 집을 짓는 과정을 설명했다. 이 제 잠시 시간을 내어, 당신이 동네에서 집짓기를 지켜보았던 때를 회상해보라. 하루는 굴착기 소리만 요란하고 집이 어떤 형태일지 도무지 알 수 없다. 며칠 후, 현장을 지나는데 기초 공사를 하고 있다. 그로부터 몇 달간, 하루하루 진척되는 모습이 궁금해 견딜 수 없다. 뼈대가 올라가는 것을 보자 집의 최종 형태가 어렴풋이 그려진다. 벽체가 세워진다. 지붕에 슬레이트 대신 기와를 얹는다.

  어느 날, 일꾼들이 모두 퇴근한 후, 현장에 몰래 들어가 본다. 내부 모양이 어떨지 보이고 느껴진다(나만 이런 게 아니라는 건 나도 안다. 일꾼들이 문을 잠가두지 않았다면, 누군가 한 번 들여다봐주기를 원한 것은 아닐까?). 마지막으로, 외벽에 페인트를 칠하고 끝손질을 하고 마당을 꾸민다. 단계마다, 당신은 집이 완성되면 어떤 형태일지 보고 싶은 마음이 점점 더한다.

다른 한편으로, 차를 타고 가다가 자신이 전혀 보지 못한 집에 누가 페인트를 칠하거나, 외벽에 판자를 덧대거나, 마당을 꾸미거나, 창문을 설치하는 광경을 본다고 하자. 그렇더라도 그때는 속도를 늦추지는 않을 것이다. 진행 과정을 처음부터 봐야 세세한 부분으로 들어가고 싶어진다.

성경공부도 그렇다. 개요 작성, 단락 분석, 단어나 어구 뒤에 숨은 뜻 찾기는 우리가 관계를 갖기 시작한 책에 깊이와 의미를 더할 때만 흥미롭고 가치 있다. 이것을 기억하면 언제나 도움이 된다. 우리가 읽는 대부분의 책과 달리, 하나님께서는 자신의 책을 우리와 그분의 관계를 강화하려는 바로 그 목적으로 쓰셨다. 이것이 깊이 파야 할 이유 중 하나이다!

뼈대 개요 작성은 전반적인 데서 구체적인 데로 옮겨가는 공부에서 그다음 단계일 뿐이다. 앞서 1단계에서 기초적 읽기, 배경 연구, 목적 선언을 활용해 성경의 한 책을 전체적으로 보는 법을 살펴보았다. 가장 최근에는 기초 개요를 살펴보았다. 당신의 뼈대 개요는 이미 작성한 기초 개요에 한두 '줄'을 더하는 정도일 것이다.

뼈대 개요를 작성할 때, 이미 작성한 기초 개요를 그대로 가져오는 것만으로 '작업'을 상당 부분 마친 셈이다. 이 시점에서 당신은 이미 그 책을 여러 번 읽었다. 말 그대로, 이미 그 자료를 안다. 지금 하는 일은 더 잘 기억하도록 그 자료를 정리하는 것이다.

뼈대 개요의 작성

뼈대 개요를 작성할 때 먼저 각 단락이 저자의 전체적인 사고 흐름에 어떻게 맞아들어가는지에 주목하라. 나중에 개별 단락, 어구, 단어를 살필 때, 당신의 개요는 당신이 어디서 와서 어디로 가는지 기억하게 해주는 손쉬운 참조 자료가 된다(〈부록 A〉에 제시된 일정표를 보면, 뼈대 개요 작성은 기초 개요 완성 후 곧바로 이어지는 4일간 배정되고 마무리 단계의 첫날로 곧바로 이어진다).

당신은 이미 아는 것을 정리할 뿐이므로, 뼈대 개요를 작성하고 편집하는 한 달짜리 4단계 과정은 없다. 다만, 과정을 간소화하는 데 도움이 될 사항이 몇 가지 있다.

매일 한 장씩 읽어라

뼈대 개요 작성을 준비하면서 기초 개요를 옆에 두고 그 책을 천천히 다시 읽어라. 이 시점에서는 충분히 시간을 갖고 하루 한 장씩 천천히 읽으면서 저자가 말하려는 모든 것에 잠겨라. 이것은 특히 바울, 베드로, 야고보, 요한이 쓴 신약의 몇몇 서신서에 적용된다. 충분한 시간을 갖고 그 책을 읽으면서 거기 기록된 것을 제대로 숙고하고 저자의 사고 흐름을 좇아가는 것이 중요하다.

더 길고 서술적인 책(예를 들면 창세기, 복음서, 사도행전)들은 사고의 흐름이 아니라 줄거리를 따라가는 것이므로 하루에 몇 장씩 읽겠다고 결정할 수도 있다. 이야기의 어떤 요소들은 그 자체가 한 장 전체를 차지한다(예를 들면 요한복음 9장).

단락들을 요약하라

읽을 때, 각 단락을 요약하는 단어, 어구, 또는 문장을 옮겨 적어라. 성경의 서술적인 책 중에서 하나를 공부한다면, 각 이야기의 핵심을 상기시키는 핵심 구절들을 옮겨 적어도 좋다. 지금은 주어진 단락의 세세한 부분을 일일이 숙고할 때가 아니다. 뼈대 개요를 작성하는 목적은 나중에 더 깊이 공부할 단락들을 보여주려는 것이다.

개요 잡기

한 장을 다 읽고 단락 요약도 마쳤다면, 읽으면서 찾아낸 어구들로 당신의 개요에서 그다음 줄을 작성하라.

전형적으로, 장마다 3-8개 어구가 나올 것이다. 나는 대부분 컴퓨터로 메모하기 때문에, 기초 개요를 복사해 새 페이지에 붙여넣은 후 새 줄을 덧붙인다. 일지에 손으로 써서 보관한다면, 당신이 찾은 그 어구들을 앞서 작성한 기초 개요와 같은 페이지에 적어두어 함께 검토할 수 있도록 하면 좋겠다.

그림을 더 잘 기억한다면 당신의 목적 선언을 백지의 중앙에 놓고 거기서 '가지를 뻗어' 당신이 작성한 기초 개요의 주요 제목들을 적고, 또 거기서 다시 가지를 뻗어 당신이 찾아낸 새로운 어구들을 적는 것도 좋은 방법이다. 이렇게 하면, 책 하나 전체를 한 페이지에 그려놓은 '시각 트리'(visual tree)가 만들어진다.

무엇을 하든 창의적으로 하라! 당신이 작성한 최종 뼈대 개요가 어떤 형태이든, 당신이 그것을 볼 때마다 그 개요가 공부한 것을 빠르게 기억해내는 데 도움이 되길 바란다.

다음 날에는, 그다음 장으로 이 과정을 반복하라. 마지막 장을 끝내고 자신의 개요도 완성했다면 누군가에게 보여주어라. 당신의 개요는 기껏해야 한 페이지 정도이므로 다 읽는 데 몇 분이면 충분하다. 당신의 개요를 읽은 사람이 그 책의 핵심들과 저자가 하나의 핵심에서 그다음 핵심으로 넘어가는 방식을 이해하는지 확인하라. 이렇게 하면 명확히 해야 하는 핵심들에 귀중한 의견을 더할 수 있다. 어쩌면 그 사람에게서 이런 말을 들을 수 있을지도 모른다. "좋은데요. 아주 재미있는 책 같아요. 읽어봐야겠어요."

뼈대 개요를 완성해 누군가에게 보여주고 필요한 마무리를 마쳤다면 작은 단락을 하나씩 들여다볼 준비가 된 것이다. 당신의 개요에 표시된 단락 구분은 부담 없이 하루에 하나씩 살펴보기에 딱 맞는 크기이다.

뼈대 개요의 예시

디모데후서

I 인사와 여는 말 1:1,2

II 신실한 삶에 대한 독려

1. 디모데의 어머니와 외조모의 믿음을 상기시킴 1:3-5

2. 신실하게 살라는 독려 1:6,7

3. 바울의 본을 따르라 1:8-18

   (1) 고난을 이기는 확신 1:8-12

   (2) 바른말(가르침) 1:13,14

   (3) 그를 버린 자들과 신신할 친구들 1:15-18

4. 계속 훈련하며 인내하라 2:1-7

5. 우리가 인내하는 이유에 집중하라 2:8-13

6. 다른 사람들에게 경고하되, 자신을 거룩하게 하는 데 집중하라 2:14-19

7. 거룩하지 못한 모든 것을 버려라 2:20,21

8. 악을 버리고, 선을 추구하며, 인내하고 온유하라 2:22-26

III 말세에 대한 경고 3:1-9

골로새서

I 인사와 여는 말 1:1,2

II 골로새 교인들의 믿음과 사랑과 지혜에 대한 감사와 기도
  1:3-14

 1. 이들의 믿음과 사랑에 대한 감사 1:3-6a

 2. 복음이 다른 곳에서도 열매 맺고 있다는 격려 1:6b-8

 3. 골로새 교인들을 위한 기도 1:9-14

III 세상이 아니라 그리스도와 그분의 지존하심에 기초해야
  하는 삶 1:15-2:23

 1. 그리스도는 창조자이며 지존하시다 1:15-23

  (1) 만물에 대한 그리스도의 능력과 권세 1:15-20

  (2) 죄에 대한 그리스도의 권세 1:21-23

 2. 그리스도의 비밀을 선포해야 하는 바울의 사명 1:24-2:5

  (1) 교회를 섬기는 바울의 사명 1:24-27

  (2) 모두를 그리스도 앞에 완전한 자로 세우려는 바울의
    바람 1:28,29

  (3) 바울의 목적은 다른 사람들이 하나님의 비밀, 곧 그리
    스도를 아는 것이다 2:1-5

 3. 세상이 아니라 그리스도에 기초한 삶 2:6-23

뼈대는 기초 놓기에서 했던 사전 작업과 그 후에 이루어지는 모든 일을 연결한다. 성경공부 과정에서 뼈대는 기초 개요와 뼈대 개요의 두 단계로 구성된다.

• 기초 개요 : 저자의 사고 흐름에서 자연스럽게 끊어지는 부분들을 찾아라.

• 뼈대 개요 : 저자의 사고 흐름을 좇으면서 기초 개요를 하루 공부 분량으로 잘게 쪼개라.

FALLING IN
LOVE WITH
GOD'S WORD

3단계

마무리

자신이 정말로 좋아하는 주제를 생각해보라. 스포츠일 수도, 취미일 수도, 지적 추구일 수도 있다. 나의 경우는 영화다. 우리 부부는 영화를 정말 좋아한다. 나는 장르가 로맨틱 코미디든, 액션이든, 눈물을 짜내는 드라마든 상관없다. 나는 잘 짜인 이야기를 넋 놓고 즐길 뿐이다. 무엇이 영화를 더 좋게 하는지 아는가? 영화를 본 후, 아내와 나는 다양한 등장인물에 관해 얘기하거나 다양한 반전을 짚어보거나 재미있는 대사를 떠올리며 다시 웃는다.

그런데 내가 아직 보지 못한 영화를 두고 대화하는 사람들 주변에 있으면 내가 본 영화에 관해 이야기하고 되살리는 것을 즐길 때만큼 재미있지는 않다. 그들을 크게 흥분시킨 장면들을 나는 이해하지 못한다. 나는 줄거리도 모르니까 복잡한 반전을 전혀 이해하지 못한다.

마무리는 영화를 본 후에 나누는 대화와 닮았다. 마무리는 기초 놓기와 뼈대 세우기를 마친 후에 할 때 열매가 가장 풍성하다. 1단계와 2단계에서 우리는 <u>영화를 보았다.</u> 즉, 줄거리를 따라갔고 등장인물들과 그들이 처한 특수한 상황에 익숙해졌다. 일정표를 만들고 모든 것을 맥락 안에 두었다. 감정적 어조를 이해하게 되었다.

이제 탐구해야 할 때다. 내가 놓쳤을지 모를 미묘한 뉘앙스는 무엇인가? 말씀을 어떻게 구체적으로 적용할 수 있는가? 왜 저자는 자신의 핵심을 제시하기 위해 특정 단어나 어구를 선택하는가? 당신이 공부하는 책에 대한 기본적 이해가 있을 때, 마무리는 옛 친구와 더 깊은 관계를 쌓는 것과 같다.

성경공부의 마무리 단계에는 다섯 가지의 주요 유익이 있다.

1. 기초 놓기가 그 책을 전체적으로 사랑하게 해주듯이, 마무리는 그 책의 복잡한 부분을 사랑하게 해준다.
2. 마무리는 그 책에 대한 견실하고 유효한 지식을 제공한다. 마무리 요소들이 이미 완료한 기초 놓기와 연결될

때, 그 책의 메시지가 당신의 기억 장치에 보관되어 필요하면 언제든 꺼내 쓸 수 있게 된다.

3. 마무리 요소들을 한 책에 적용하면, 성경의 다른 부분을 공부할 때 더 잘 이해할 수 있다. 하나님께서는 서로 다른 책이 서로 떠받치고 세워주게끔 그분의 말씀을 하나로 엮으셨다. 성경의 책들을 공부할수록 과거에 공부한 구절들이 되살아나서 지금 공부하는 부분을 보충할 것이다.

4. 성경을 깊이 공부하면 우리의 믿음을 나누는 지식 기반이 확장된다. 질문이 있는 사람과 얘기할 때, 우리가 말씀을 알수록 성령께서 우리 마음에 진리가 떠오르게 하시기가 쉬워진다. 더욱이 어떻게 성경을 공부하고 어디서 정보를 찾아야 하는지 알 때, 그들의 질문에 대한 답을 함께 찾아보자며 사람들을 초대할 수 있다.

5. 마무리는 또한 암송하도록 우리의 머리를 준비시키고, 묵상하도록 마음을 준비시킨다. 암송과 묵상은 내면화 과정의 핵심이다.

몇 장에 걸쳐, 마무리의 세 요소를 탐구하겠다.

- 단락 연구
- 단어 및 어구 연구
- 삶에 적용하기

깊이 파 내려가서 하나님의 말씀에 담긴 보화를 캐낼 준비가 됐는가? 가장 좋은 점은 성경의 보화는 '숨겨진 보화'가 아니라는 것이다. 하나님께서는 이 보화를 우리에게 보여주시려고, 이를테면, 안달하신다!

01 단락 연구[1]

책을 잘게 쪼갰다면
이제 무엇을 해야 하는가?

앞서 뼈대 개요를 작성해 놓았기 때문에, 당신이 공부하는 책은 하루하루 세밀하게 살펴보기에 충분할 만큼 잘게 쪼개졌다. 이제 한 책의 전체 주제와 배경을 줄곧 머릿속에 담은 채 그 책의 이야기와 메시지를 제대로 숙고하는 시간을 가질 수 있다. 기초 놓기 단계에서 당신은 공부하는 책의 문맥을 발견했다. 머릿속에 기초가 튼튼히 놓였다면, 문맥을 놓치지 않은 채 성경의 작은 부분을 하나씩 공부할 준비가 된 것이다.

　내 경험상 한두 단락에 집중할 때 성경공부 시간이 가장 생산적이었다. (전체 목적을 염두에 두고) 하나의 개념이나 생각을 묵상하는 시간이 하나님께서 나에게 필요한 격려를 해주시거나 잘못된 생각이나 행동을 바로잡아 주시거나 내가 내 일상에 적용하기 원하시는 것을 보여주시는 시간일 때가 많다.

단락 분석을 시작하기 전, 자신이 보고 있는 단락이 어떤 형태인지 규명하는 게 중요하다. 성경의 어느 책이든 전형적으로 두 종류의 단락을 포함한다. 하나는 이야기를 들려주는 단락(역사 단락)이고, 하나는 개념을 탐구하는 단락(개념 단락)이다. 각각의 예를 들어보자.

단락의 형태 구분

역사 단락

요한의 말을 듣고 예수를 따르는 두 사람 중의 하나는 시몬 베드로의 형제 안드레라 그가 먼저 자기의 형제 시몬을 찾아 말하되 우리가 메시야를 만났다 하고 (메시야는 번역하면 그리스도라)

요 1:40,41

보다시피 이 단락은 하나의 이야기를 들려주는데, 안드레에 관한 작은 역사를 제시한다고 할 수도 있겠다. 신약의 복음서와 사도행전, 그리고 구약의 많은 역사서가 주로 역사 단락으로 채워져 있다. 이런 책들에서는 젊고 나이 든 여러 인물에 관한 이야기를 연이어 듣게 되는데, 각 인물에게는 하나님에 대한 자신만의 특별한 경험이 있다.

개념 단락

> 우리가 그를 전파하여 각 사람을 권하고 모든 지혜로 각 사람을 가르침은 각 사람을 그리스도 안에서 완전한 자로 세우려 함이니 이를 위하여 나도 내 속에서 능력으로 역사하시는 이의 역사를 따라 힘을 다하여 수고하노라 골 1:28,29

이 단락에서, 사도 바울은 이야기를 들려주는 게 아니라 주장 또는 생각을 밝힌다. 그의 바람은 독자가 자신의 사고 흐름을 따라오게 하는 것이다. 그는 개념을 전달해 이해시키려고 애쓴다. 신약의 편지들뿐 아니라 구약의 시가서와 예언서들도 성경에서 주로 개념 단락으로 구성된 책들의 좋은 예다.

역사 단락과 개념 단락 구분하기

읽으면서 스스로 물어보라. "저자는 내게 이야기를 들려주는가, 아니면 개념을 전달하는가?" 저자가 이야기를 들려준다면 당신은 역사 단락을 읽는 것이다. 저자가 개념을 전달한다면 그것은 개념 단락이다. 당신이 읽는 단락이 어떤 형태인지 구분했다면 그 단락을 분석하는 적절한 접근법을 사용할 수 있다.

역사 단락의 단락 요약

단락 요약은 축소된 배경 연구와 아주 비슷하다. 역사 단락을 취재 기자처럼 접근하여 "누가, 언제, 어디서, 무엇을, 어떻게, 왜?"라고 물어라.[2] 물론, 모든 단락이 이 여섯 질문에 다 답하지는 않는다. 그러나 이들 질문은 당신이 그 단락을 읽고 또 읽을 때 훌륭한 출발점이 된다.

이 시점에서, 이 정보를 당신의 개인 학습 스타일에 맞게 정리하는 게 중요하다. 앞서 말했듯이, 나는 개요 형태를 사용하기를 좋아한다. 개요 형태는 빠르고 단순하며, 어떤 책을 계속 잘게 쪼개 나의 모든 메모를 포함하는 긴 개요를 만들 수 있게 해주기 때문이다. 이 방법이 당신에게 효과가 있으면 좋겠다.

그러나 이 책을 읽는 많은 사람이 일기나 일지 쓰기, 노래 만들기, 또는 그림 그리기를 통해 훨씬 잘 배울 수도 있다. 당신이 이야기를 더 잘 이해하고 기억하는 데 도움이 되는 방법을 찾아라. 그런 후에 그 방법을 사용하라.

단락 요약의 목적은 사건들을 숙고하고 자신을 그 이야기에 넣을 수 있도록, 한 단락에 시간을 충분히 할애하는 데 있다. 사건들과 인물들과 정황을 이해할수록 그 이야기들을 당신의 이야기로 생각하기 시작할 것이다.

요한복음 1장 40,41절 단락을 한 번 더 보면서 한 단락을 정리, 구조화하는 두 가지 방법을 살펴보자.

요한의 말을 듣고 예수를 따르는 두 사람 중의 하나는 시몬 베드로의 형제 안드레라 그가 먼저 자기의 형제 시몬을 찾아 말하되 우리가 메시야를 만났다 하고 (메시야는 번역하면 그리스도라)

요 1:40,41

개요 형태

I. 안드레

  1. 시몬의 형제

2. 요한의 제자

3. 예수님을 따름

　(1) 곧바로 시몬을 찾아가 "우리가 메시야를 만났다"라고 함

기사 형태

　안드레는 세례 요한의 초기 제자 중 하나였다. 그는 예수님에 관한 요한의 말을 듣고 그분을 따랐다. 안드레는 시몬 베드로의 형제이기도 했다. 예수님과 어느 정도 시간을 보낸 후, 곧바로 시몬 베드로를 찾아가 "우리가 메시야를 만났다"라고 했다. 메시야는 "그리스도"와 같은 말이다.

개념 단락의 단락 지도

개념 단락을 공부할 때, 단락 지도는 그 단락을 효과적으로 이해하고 기억하는 데 아주 유용한 도구이다. 나는 어느 날 바울 서신 하나를 읽다가 바울이 한 단락 전체를 한 문장으로 썼다는 사실을 발견했다. 쉼표는 많았으나 마침표는 하나뿐이었다. '어떤 어구가 어떤 어구를 가리키는 거지? 이 단락을 통과하려면 지도가 필요하겠군!'

그래서 지도를 만들어 바울이 자기 생각을 어떻게 전개하는지 보일 때까지 그 단락을 읽고 또 읽었다. 그 후, 개념 단락을 분석할 때마다 개념 지도는 더없이 유익한 도구였다. 개념 지도는 저자의 사고 과정을 찾아내도록 도와줄 뿐 아니라 주요 개념과 핵심을 명확히 해주고 주요 핵심들과 부수적인 핵심들이나 어구들의 관계도 보여준다.

단락 지도 역시 단락 요약처럼 한 단락을 천천히 읽고 또 읽을 때 시작된다. 이렇게 하면서, 저자가 무엇을 말하고 있는지, 그것을 말하려고 각 어구를 어떻게 사용하는지 확인하라.

다른 번역들이 동일한 단락을 옮긴 방식을 탐구하기에 더없이 좋을 때다. 해당 구절을 다른 번역으로 읽으면, 거의 언제나 그 구절과 저자의 사고 과정을 더 잘 이해하게 된다. 이 시점에서 한두 단락을 얘기하고 있을 뿐이므로, 몇 분만 시간을 더 들이면 이들 단락을 몇몇 번역으로 읽을 수 있다.*

단락 지도 역시 개요 형태나 기사 형태를 비롯해 당신이 그 단락을 이해하고 기억하는 데 도움이 되는 어떤 방법으로든 작

---

* 다국어성경 holynet이나 대한성서공회 성경 읽기, biblehub.com 등 여러 인터넷 사이트와 갓피플성경 등의 스마트폰 앱에서 다양한 역본으로 성경을 읽을 수 있다. ─ 편집자 주

성할 수 있다. 골로새서 1장 28,29절로 돌아가 단락 분석에 단락 지도를 어떻게 활용할 수 있는지 보자.

우리가 그를 전파하여 각 사람을 권하고 모든 지혜로 각 사람을 가르침은 각 사람을 그리스도 안에서 완전한 자로 세우려 함이니 이를 위하여 나도 내 속에서 능력으로 역사하시는 이의 역사를 따라 힘을 다하여 수고하노라 골 1:28,29

개요 형태

I. 우리가 그(그리스도)를 전파하여

　1. 어떻게?

　　(1) 권하고

　　(2) 가르침

　　　1) 모든 지혜로

　2. 왜?

　　(1) 각 사람을 그리스도 안에서 완전한 자로 세우려 함이니

　　　1) 이를 위하여 나도⋯ 수고하노라

　　　① 힘을 다하여

　　　　a. 내 속에서 능력으로 역사하시는 이의 역사를 따라

기사 형태

바울의 바람은 분명하다. 그리스도를 전파하는 것이다. 그는 권함과 가르침 둘 다로써 그리스도를 전파한다. 바울은 단지 자신의 지식이 아니라 지혜로 권하고 가르치려 한다. 바울은 또한 그리스도를 전파하는 분명한 목적이 있다. 그는 모두를 그리스도 안에서 완전한 자로 세우길 원한다. 이것이 그의 모든 수고가 낳길 바라는 결과다. 마지막으로, 그는 자신이 자신의 힘으로 수고하는 게 아니라 그의 안에 내주하며 능력으로 역사하시는 그리스도의 성령으로 수고한다고 고백한다.

🌱

이 장을 시작할 때 말한 것처럼, 단락 요약과 단락 지도는 당신이 성경의 한 책을 공부할 때 가장 생산적인 요소로 증명될 것이다. 초기에는 어떤 책을 전체적으로 읽어 그 책의 개요를 파악하는 게 중요했다. 이제는 하나님께서 그분의 뜻과 말씀을 당신에게 계시하실 것을 고대하며 천천히 읽는 것이 똑같이 중요하다. 당신은 해당 구절을 더 깊이 이해할 뿐 아니라 하나님과 그분의 아름다운 말씀을 더 깊이 사랑하게 될 것이다.

02 단어 및 어구 연구

정말 한 단어에서
뭔가를 배울 수 있는가?

나는 야구를 사랑한다. 나는 야구와 관련된 거의 모든 것을 사랑하며, 프로야구 정책 없이는 살 수 있어도 야구 경기 없이는 살 수 없다. 하지만 내가 늘 야구를 사랑했던 것은 아니라고 인정한다. 텔레비전으로 야구를 보면서 때로 '왜 어떤 사람들은 야구를 보는 걸까? 이렇게나 지루한데'라고 생각하곤 했다. 당신이 고개를 끄덕였다면 이해한다. 나는 야구를 사랑하는 만큼이나 어떤 사람들은 왜 야구를 사랑하지 않는지 십분 이해한다.

　야구는 세세한 부분이 아름다운 경기다. 사람들은 대개 점수가 많이 나고 선수들이 끊임없이 움직이며 화려한 플레이를 보이는 축구와 농구를 더 좋아한다. 어쨌든 만루 홈런, 홈런을

막아내는 담장 수비, 도루는 불과 몇 초 지속될 뿐이다. 공을 던지고, 잡고, 쳐내는 그사이에 일어나는 일들이 야구를 더없이 멋지게 한다.

진짜 야구팬과 오래 얘기하다 보면 자신도 모르게 야구에 관한 대화에 빠져든다. 투수가 언제 어떤 공을 던지고, 어떤 타자가 커브를 잘 치며, 어째서 감독이 어느 순간 왼손 투수 대신 오른손 투수를 올리는지…. 야구에 관한 대화는 모두 결국은 세세한 부분에 관련된 대화를 중심으로 돌아간다. 그래서 많은 사람이 야구가 지루하다고 생각하는 것이다. 이런 대화에 기꺼이 뛰어들 생각이 없다면 절대로 야구를 제대로 이해하지 못한다. 야구를 '아홉 명이 경기장에 서 있고 타자가 공을 친다'라고 개괄적으로만 본다면 이면에 담긴 아름다움을 놓치게 된다.

성경의 환상적인 점은 그 아름다움이 전체적인 부분과 구체적인 부분에 있다는 것이다. 기초 놓기 단락에서 보았듯이 전체 개요를 파악하려고 성경의 한 책을 읽는 것만으로도 매우 즐겁고 의미 있는 일이 될 수 있지만, 성경의 구체적인 단어와 어구에서도 찾아내야 할 보화가 많다.

수년 동안, 내가 성경의 어느 책을 공부하든 단어 연구는 성경공부에 깊이를 크게 더해주었다. 나는 단어 연구가 전체를 한꺼번에 공부할 때가 아니라 각 단락을 탐구하고 삶에 적용하는 과정에서 가장 잘 이루어진다는 점도 발견했다.

성경공부를 할 때 단어 연구를 '양념'으로 활용한다면 큰 통찰과 지식이 더해질 것이다. 그러나 양념이 과하면 음식 본연의 맛이 가려질 수 있듯이, 한 자리에서 단어 공부를 너무 많이 하려고 하면 부담되고 지루해질 수 있다(〈부록 A〉 '빌립보서로 떠나는 60일간의 모험'에서 하루에 단어 공부를 절대로 둘 이상 하지 않을 것이라는 점을 주목하라).

성경의 한 책을 공부하기를 마칠 때쯤이면 당신의 메모 카드에, 작성해둔 개요 곳곳에, 일지나 그 외에 당신의 생각을 정리해 둔 곳에 단어 연구의 결과물이 남아 있을 것이다. 이러한 단어 연구는 하나님의 말씀에 대한 당신의 이해를 더하는 또 다른 방법이 될 것이다.

연구할 단어나 어구를 어떻게 정해야 하는가?
한 단락을 천천히 읽으면서 그 단락의 메시지에서 가장 중요해 보이는 단어나 구절에 주목하라. 어떤 단어나 구절이 반복된다면, 그다음 연구 대상 단어로 안성맞춤이다. 친숙하지 않은 단어와 어구를 공부하는 것도 유익하다. 지금쯤 당신은 성경의 어느 책을 공부하면서 그 책을 꽤 잘 알고 있을 테니 주요 단어와 어구를 찾아내기는 아주 쉬울 것이다.

두 유형의 단어

앞 장에서 단락에는 두 가지 유형, 즉 역사 단락과 개념 단락이 있다고 했는데, 주제 단어와 개념 단어, 주제 어구와 개념 어구의 두 가지 유형이 있다.

주제 단어는 사람, 장소, 사건 등을 나타내는 구체적인 단어다. 주제 단어는 이런 질문을 하게 한다. 이 사람은 누구인가? 이 도시는 어디에 있었고, 크기는 어느 정도였는가? 이 사건은 핵심은 무엇이었는가? 이것은 어디에 사용되었는가?

개념 단어는 더 추상적이며, 이름에서 알 수 있듯이 개념을 전달한다. 개념 단어는 이런 질문을 하게 한다. 저자가 이 단어나 어구를 사용해 무엇을 전달하려 하는가? 원어 사용자들은 이 단어를 어떻게 이해했을까? 성경 다른 곳에서는 이 구절이 어떻게 사용되거나 번역되는가?

다음은 각각의 예를 든 것이다.

주제 단어

에베소	십자가
전제(奠祭)	규빗
로마 감옥	두기고
유월절	지성소
바나바	정결 예식

개념 단어

충만	꾸며낸 겸손
인내	거룩히 여김을 받음(hallowed)
거룩	마음을 두라
사도	신실한
변화를 받아	거룩하게 되다

각 유형을 연구할 때 사용되는 성경공부 도구가 다르므로 당신이 보고 있는 단어나 어구의 유형을 파악하는 것이 중요하

다. 안심하라. 단어 연구를 한두 번 해보면 그 과정이 아주 단순하고, 당신이 공부하는 구절에 엄청난 통찰을 더한다는 사실을 알게 될 것이다.

단어 연구에 필요한 도구들

성경

기준이 되는 번역 성경(한글 번역으로는 개역개정, 개역한글, 새번역, 공동번역, 쉬운성경, 우리말성경 등이 있다)을 한 권 갖고 있는 것이 중요하다. 최근에는 성경을 현대어로 잘 풀어쓴 것도 있다(현대어성경, 현대인의 성경, 메시지 성경 등). 풀어쓴 성경들은 분명히 장점이 많지만, 대부분의 연구 도구가 현대어로 풀어쓴 성경이 아니라 특정 번역과 연결되어 있으므로 단어 연구에 최적화되어 있지는 않다.

성경사전/백과사전

한 권으로 된 것도 있고 여러 권으로 된 것도 있다. 사람이나 장소나 사건 등에 관한 배경을 알아보려고 백과사전을 이용할 때와 같은 방법으로 이용하면 된다.

용어 색인집

용어 색인집(Exhaustive Concordance)은 성경에 사용된 '모든' 단어의 '모든' 용례를 보여준다. 예를 들면, 용어 색인집에서 '사랑하다'(love)라는 단어를 찾으면, 성경에서 '사랑하다'라는 단어가 사용된 구절을 모두 보여준다('성구사전'에 이러한 기능이 있다). 각 용어 색인집은 특정 번역과 연결되니 용어 색인집을 구입하려 할 때는 자신이 가진 번역 성경과 연결되는지 확인하라.

단어 해설 사전

많은 경우, 둘 또는 그 이상의 헬라어나 히브리어 단어가 당신의 성경에서 같은 단어로 번역된다. 예를 들면, 헬라어 단어 '아가페', '필레오', '에로스'는 모두 "사랑"으로 번역된다. 그러나 이들 단어는 각기 미묘하게 다른 의미를 지닌, 상당히 다른 단어다. 원어사전, 성경단어사전 등의 단어 해설 사전(Expository Dictionary)을 이용하면 다양한 헬라어나 히브리어 단어와 그 단어들 간의 차이를 확인할 수 있다.

이 모든 자료도 인터넷에서 구하거나 소프트웨어로 구입할 수 있다. 많은 경우, 소프트웨어 하나에 여러 번역 성경, 성경 사전, 해설 사전, 검색 기능이 모두 들어 있다. 따라서 소프트웨어 하나만 있으면, 실제로 책을 무더기로 살 때보다 훨씬 저렴한 비용으로 엄청난 분량의 책을 갖게 된다.

좋은 단어 연구의 3R

효과적인 단어 연구에는 '읽기'(Read), '탐구하기'(Research), '돌아가기'(Return)라는 세 가지 기본 요소가 있다.

읽기

가장 먼저 할 일은 단어나 어구를 문맥 안에서 읽고 이것만으로 그 의미를 얼마나 알 수 있는지 보는 것이다. 그다음 요소인 탐구하기로 넘어갈 때, 꼭 성경을 펴놓고 그 구절을 가까이 두라.

탐구하기

단어 연구에서 연구라는 요소는 주제 단어를 연구하느냐 개

넘 단어를 연구하느냐에 따라 달라진다.

주제 단어를 연구할 경우, 탐구는 그 단어를 성경 사전이나 백과사전(단어 해설 사전이 아니라)에서 찾아보는 데서 시작된다. 이렇게 했다면, 해당 항목을 읽으면서 해당 단어나 어구의 주요 요소를 기억하는 데 도움 될 내용을 메모하라. 예를 들어 어떤 도시 이름인 단어를 찾아보고 있다면, 그 도시는 어디에 있었고 크기는 어느 정도였으며 그곳에서 어떤 주요 사건들이 일어났는지를 메모할 수 있겠다.

개념 단어를 연구할 때는 단어 해설 사전을 사용할 수 있다. 앞서 말했듯이, 때로 헬라어나 히브리어 여러 단어가 우리말에서 같은 단어로 번역된다. 단어 해설 사전에서 단어를 찾아보니 그 단어로 번역된 헬라어나 히브리어 단어가 여러 개 나올 때, 어느 단어가 당신이 찾아보려는 그 단어인지 어떻게 아는가? 이때 숫자 체계*가 들어 있는 용어 색인집이나 원어사전이 큰 도움이 된다.

---

* 숫자 체계의 대표적인 경우는 '스트롱 코드'(Strong Code)이다. 18세기 말 미국의 신학자 제임스 스트롱(James Strong)이 100여 명의 학자들과 함께 성경연구의 편의를 위해서 구약 히브리어 8674개, 신약 헬라어 5523개 단어의 어근에 번호를 붙여 만들었다. 스트롱 코드가 적힌 성경과 원어사전도 나와 있으며 biblehub.com에서도 스트롱 코드를 검색할 수 있다. – 편집자 주

각 단어에 적힌 숫자는 헬라어나 히브리어 딱 한 단어만 가리킨다. 용어 색인집마다 조금 다르지만, 전형적으로 용어 색인집의 주요 페이지는 세 칸으로 되어 있다. 첫째 칸에는 성경 장절이 표시된다. 둘째 칸에는 그 절의 일부가, 셋째 칸에는 상응하는 숫자가 나온다. NIV 번역에서 '사랑하다'(love)라는 단어가 사용된 두 경우만 살펴보자.

용어 색인집 형태의 예

요한복음 11:3 "주여… 사랑하시는 자가 병들었나이다." 5368
요한복음 13:34 "… 서로 사랑하라." 25

요한복음 13장을 공부하다가 '사랑하다'(love)라는 단어를 연구한다면 용어 색인집에서 이 부분을 찾아 옆에 적힌 25라는 숫자에 주목하라. 이제 [모든 숫자와 거기에 해당하는 헬라어/히브리어 단어들이 나열된] 색인집 뒷부분을 펴서 25라는 숫자가 헬라어 '아가페'에 해당한다는 것을 확인하면 된다. 이제 '사랑하다'라는 단어가 사용된 모든 구절을 다 읽지는 말고 단어 해설 사전에서 '아가페'라는 항목을 찾아보라. 단어 해설 사전에서 정확한 단어를 찾았다면, 그 단어의 의미뿐 아니라 단어 해설 사전이 추가로 제공하는 정보까지 메모하라.

용어 색인집은 성경에서 같은 헬라어나 히브리어 단어가 사용된 구절을 비교하는 데도 유용하다. 예를 들면, 야고보서 3장 13절 "너희 중에 지혜와 총명이 있는 자가 누구냐 그는 선행으로 말미암아 지혜의 온유함으로 그 행함을 보일지니라"에 나오는 '온유함'(humility)이라는 단어를 연구한다고 하자. 용어 색인집을 보면, '프라우테스'(prautes)라는 헬라어 단어가 성경에서 이곳 외에 한 곳에서만 "humility"로 번역된 것으로 나온다. 그러나 같은 단어가 "gentleness, gentle, gently, humbly, meekness"로도 번역된 것을 알 수 있다. 시간이 넉넉하다면 이 구절들을 살펴보면서 '프라우테스'라는 단어를 이해하고, 헬라어를 모국어로 사용한 사람들이 이 단어를 어떻게 사용했는지를 좀 더 알 수 있다.

돌아가기

마지막으로, 단어 연구를 마칠 때마다 본문으로 돌아가는 것이 늘 중요하다. 어쨌든, 단어 연구의 목적은 단순히 학문적 공부를 끝내는 데 있지 않고 공부하는 구절을 더 잘 이해하는 데 있다. 몇 분만 시간을 내어, 단어 연구에서 얻은 새로운 통찰을 염두에 두고 그 구절을 다시 읽어라. 이러한 통찰을 일기나 일지를 비롯해 당신이 사용하는 묵상 방법에 포함시켜도 좋겠다.

단어 연구를 정리하라

단어 연구에서 얻은 정보를 기억하고 활용하려면 그 정보를 기록하여 정리해두는 것이 좋다. 당신이 활용할 수 있는 여러 방법을 소개한다.

카드 파일

구식으로 들릴지 모르지만, 카드 파일은 연구한 단어 정리에 가장 쉽고 가장 유용한 방법이다. 단어 연구를 할 때마다 약 12×7 센티미터 정도의 정보카드(인덱스카드)에 메모해 상자에 넣으면 된다. 수년이 지나면 상자가 가득할 것이고, 당신은 앞서 연구했다고 생각되는 단어를 만날 때마다 찾아보면 된다.

대부분은 카드 파일을 가나다 순으로 정리한다. 어떤 사람들은 시간을 더 투자해 주제 단어와 개념 단어를 분리하거나 범주를 나누어 카드를 구분한다. 나라면, 처음에는 가나다 순으로 정리하고 자신의 성경공부 시간을 '향상시키는' 추가 단계를 덧붙이라고 권하겠다.

컴퓨터 파일

성경공부를 할 때 대부분을 컴퓨터로 메모한다면, 카드 파일을 컴퓨터로 작성하는 것도 좋다. 카드 파일을 컴퓨터로 작성하면 가장 좋은 점은 작은 카드에 맞추지 않고도 정보를 계속 추가할 수 있다는 것이다.

당신의 컴퓨터 파일을 컴퓨터의 다른 문서나 단어를 연구하면서 찾아낸 웹사이트와 연결할 수도 있다. 인터넷이 우리가 컴퓨터를 사용하는 방식에서 갈수록 많은 자리를 차지하므로 엄청난 양의 정보를 갈수록 많이, 쉽게 접할 수 있다.

최종 개요에 넣기

솔직히 경고하겠다. 이것은 시간이 가장 많이 드는 방법이다. 그러나 당신이 공부해서 얻은 정보의 많은 부분을 '가르칠' 경우, 이것은 매우 유용한 도구다. 나는 성경의 구체적인 부분을 가르쳐달라는 요청을 자주 받는다. 그 단락이 내가 이미 공부한 부분이라면, 배경 연구에서 단어 연구까지 내 모든 메모가 한 곳에 정리되어 있다. 나는 성경을 공부하고 메모하며 정리하는 시간이 다른 사람들보다 많이 걸린다. 그러나 모든 정보를 이미 정리해두었다면, 가르칠 준비를 해야 할 때 확실히 도움이 된다. 당신이 목사나 주일학교 교사나 이런저런 형태의 성경 교사라면 이 방법을 시도해보는 것도 좋겠다.

⚜

성경공부에 단어 연구를 추가할 때 가장 명심할 점은 단어 연구가 당신의 즐거움과 지식을 향상시키려는 것이지, 힘들고 단조로운 일이 되는 게 아니라는 점이다. 단어 연구는 성경공부 과정에서 몇 시간이 들 수도 있고 몇 분을 할애할 수도 있는 부분이다.

야구 이야기로 돌아가 보자. 야구 전략(세세한 부분)에 대한 기본 이해를 어느 정도 갖추면, 거의 누구에게든 야구는 더 재미있어진다. 그러나 나는 야구를 무척 사랑하는 만큼, 세세한 부분에서 내가 도저히 따라잡지 못할 만큼 많이 아는 사람들을 확실히 알고 있다. 이들은 40년 전 선수의 세세한 부분을 몇 시간이고 얘기하면서도 전혀 지루해하지 않는다. 나는 그 중간 어딘가에 있는 것 같다.

단어 연구와 관련해, 즐거움과 효율성의 연관성을 발견했다. 거의 모든 사람이 적어도 그들이 공부하는 성경 어느 책의 단어 연구를 조금이라도 하는 게 유익하다는 것을 알게 될 것이다. 어떤 사람들은 한 단어나 어구를 몇 시간이고 연구하는 데서 큰 가치를 발견할 것이다. 대부분은 그 중간 어딘가에 자리할 것이다.

다음에 성경의 어느 책을 공부할 때 몇몇 단어를 연구해볼 것을 권한다. 단어 연구가 당신에게 정말 유익했다면, 날마다 하나님의 말씀에 잠기는 시간에 단어 연구 시간을 좀 더 늘려라. 반대로, 단어 연구가 당신에게 지루하고 별로 생산적이지 못하다면 단어 연구를 당신이 이해하지 못하는 주요 어구나 단어에만 적용하라. 단어 연구를 많이 하든 적게 하든, 당신은 단어 연구를 통해 하나님의 말씀에 대한 이해가 깊어지고, 따라서 즐거움도 더 커질 것이다.

03 삶에 적용하기

이것이 내 삶에
어떻게 적용되는가?

당신은 왜 성경을 공부하는가? 그래야 하기 때문인가? 그러지 않으면 하나님께서 화내시거나 실망하시기 때문인가? 습관이기 때문인가?

이 책의 무대 세우기 단락에서 다룬 첫째 교훈을 다시 들여다보자.

우리의 전인(全人)을 다해 하나님을 사랑하려면, 그분의 말씀을 삶의 모든 부분에 적용해야 한다.

우리가 하나님의 말씀에 잠겨 시간을 보내는 주된 이유는 무엇인가? 우리가 하나님을 사랑하고, 하나님께서 우리가 성경에 잠기는 시간을 사용해 우리로 그분을 더 닮게 하기를 원하시기 때문이다. 하나님께서는 우리가 자라야 하는 부분에서 우리에게 도전을 주려 하신다. 우리가 우리의 은사를 활용해 그분을 사람들에게 어떻게 전할지 보여주려 하시고, 그분의 말씀을 사용해 우리에게 '풍성한' 삶의 지침을 주려 하신다(요 10:10). 이것이 핵심이다. 하나님께서는 우리가 그분의 말씀을 실천하고 적용하기를 원하신다.

우리가 하나님에 관해 머리로만 알고 실제로 그분을 더 닮아 가지 못하면, 그분이 우리를 위해 준비하신 전부를 성취한 것이겠는가? 물론 아니다. 하나님께서 우리를 위해 원하시는 것은 우리가 우리 자신을 위해 원하는 것보다 훨씬 많다.

삶에 적용하기, 곧 성경공부의 최종 단계를 빼먹으면 실제로 전체 핵심을 놓친 셈이다. 그러나 하나님의 말씀을 일상에 적용할 때 우리는 변화된다. 성경이 오늘에 얼마나 유익하고 적절한지 보게 된다!

삶에 적용하기를 성경공부 과정의 마지막 단계로 살펴본다고 해서, 삶에 적용하기가 성경공부의 마지막 며칠에만 이루어진다는 뜻은 아니다. 성경을 공부하는 내내 삶에 적용할 수 있으며 그렇게 해야 한다.

기초 놓기 단계에서 틀림없이 당신은 적용 가능한 몇몇 주요 원리원칙을 찾아낼 것이다. 마찬가지로, 특정한 이야기, 단락, 또는 개별적인 단어나 어구를 살펴볼 때 거기에도 적용할 점이 있다. 하나님의 말씀(일반적인 개념과 구체적인 명령)은 적용되어야 한다.

삶에 적용하기는 두 기본 단계로 구성된다. 첫째, 공부하는 단락에서 '원리원칙'을 찾아내라. 둘째, '행동'을 취하라. 이 둘을 한꺼번에 살펴보자.

원리원칙

원칙(principle)

[명사]

1. 기본 진리, 법, 또는 가정. 민주주의의 원리

2. a. 규범이나 기준, 특히 좋은 행동의 규범이나 기준. 원칙 있는 사람.

   b. 도덕적 또는 윤리적 기준이나 판단의 집합. 사욕이 아니라 원칙에 근거를 둔 결정.[1]

삶에 적용하기는 원리원칙을 찾아내는 데서 시작된다. 위의 정의는 원리원칙이 매우 기본적이라는 것을 상기시킨다. 우리는 흔히 성경을 실제보다 이해하기 어렵게 만들 수 있다. 성경에 어려운 구절이 있는 것은 분명하지만, 성경의 많은 부분이 하나님께서 전달하려 하시는 하나의 핵심을 가지며, 우리의 과제는 그 핵심을 찾아내는 것이다.

성경공부의 지금 단계에서 당신은 이미 원리원칙을 쉽게 찾아낼 준비가 되어 있다. 이미 해당 단락을 읽고 또 읽었으며, 배경에 관해 메모했고, 주제를 기록했고, 개요를 작성했고, 단락을 분석했으며, 단어 연구를 깊이 했다. 원리원칙을 찾아내려면 이미 쌓은 지식을 끄집어내고 성경을 읽으면서 이렇게 물으면 된다.

"이 단락의 기본 진리나 규범이나 기준은 뭐지?"

원리원칙을 찾아낼 때 몇 가지를 명심해야 한다. 첫째, 공부하는 단락의 문맥에는 이차적 원리원칙이 있을 수 있다. 예를 들어 빌립보서 4장에서 바울의 주 메시지는 사역에서, 구체적으로 재정 부분에서 다른 사람들과 협력하는 것이다. 그러나 이런 문맥에서 만족, 감사, 하나님이 크신 공급자라는 인정 같은 이차적 원리원칙을 찾아낼 수도 있다.

한 단락을 적용하려고 할 때, 하나님께 당신이 적용하기를 원하시는 것을 알려달라고 하라. 당신은 똑같은 빌립보서 4장을 읽으면서도 삶의 어느 시점에서는 하나님께서 당신이 현재 상황에 만족하기를 원하신다고 느낄 수 있고, 또 어느 시점에서는 당신이 누군가의 사역을 후원하도록 하나님께서 독려하신다고 느낄 수도 있다.

이런 까닭에, 하나님의 말씀을 공부할 때 꾸준히 성령의 인도를 구하는 것이 매우 중요하다. 하나님께서 그분의 말씀을 당신에게 계시해주셔야 한다. 성경이 하나님께서 당신에게 바라시는, 삶을 바꿔놓는 영향을 미치려면 하나님께서 반드시 당신과 함께 계셔야 한다.

마지막으로, 이 시점에서 당신이 전혀 새로운 개요를 작성할 필요가 없다는 것을 기억하라. 지금은 하나님의 말씀을 숙고하고 묵상할 때다. 원리원칙을 찾아낼 때 핵심은 펜을 내려놓고(또는 컴퓨터에서 물러나서) 귀를 기울이는 것이다.

행동

행동(action)

[명사]

1. 행동이나 동작의 상태나 과정

2. 행위

3. 움직임이나 일련의 움직임 [2]

야고보서는 "너희는 말씀을 '행하는 자'가 되고 듣기만 하여 자신을 속이는 자가 되지 말라"라고 말씀한다(약 1:22). 행동은 성경공부 과정에서 '행함'에 해당하는 부분이다. 성경에서 원리원칙들을 찾아낼 때 그것들이 어떻게 적용될 수 있는지 보이기 시작하겠지만, 이것들을 토대로 구체적 행동을 취할 때에야 마침내 삶에 적용하기가 얼마나 실제적인지 보일 것이다.

당신은 어떤지 모르겠는데, 나는 성경을 내려놓고 나면 성경에서 읽은 것을 적용하기는커녕 하루 종일 전혀 생각지 않기도 한다. 기도하고 성경을 공부하는 동안에는 내게 필요한 적용이 비교적 쉽게 보인다. 그러나 온종일 다른 일을 하고 정신이 다른 데 팔린 상태에서 이러한 원리원칙을 행동에 옮기는 것은 완전히 다른 문제다. 나는 성경공부의 '행동' 부분을 빼먹기 일쑤다.

우리 모두에게 '행동하기'는 성경의 원리원칙을 인식할 때 자연스러운 반응이 되어야 한다. 하나님께서 당신이 적용하기를 원하시는 원리원칙을 찾았다면 '행동 계획'을 짜고 즉시 기록하라. 당신의 행동 단계를 기록하는 일은 아무리 강조해도 모자랄 만큼 중요하다.

우리 모두 원리원칙을 행동에 옮기려는 좋은 의도를 가질 수 있다. 그러나 실제로 이런 의도를 행동에 옮기려 할 때 많은 것들이 기억을 흐리게 하기도 한다. 성경에서 찾아낸 원리원칙을 정말 실행하려 한다면, 당신의 행동 단계를 기록하는 것이야말로 가장 유익한 도구로 입증될 것이다.

행동 단계를 짤 때, 특히 세 가지를 명심해야 한다. 행동은 구체적이고, 측정 가능하며, 가시적이어야 한다. 예를 들어 에베소서 5장 25절은 이렇게 말한다. "남편들아 아내 사랑하기를 그리스도께서 교회를 사랑하시고 그 교회를 위하여 자신을 주심같이 하라." 이 구절이 제시하는 원리원칙은 '아내 사랑하기'지만, "나는 내 아내를 더 사랑해야 해!"라고 적는 것으로는 아주아주 부족하다. 내가 실제로 나아지고 있는지 어떻게 알겠는가? 내가 이 행동을 해낼 수 있는지 어떻게 알겠는가?

내가 이 원리원칙을 행동에 옮기려면, 이 행동과 관련해 구체적이고 측정 가능한 가이드라인을 세워야 한다. 내 행동이 구체적이고 측정 가능할수록 실제로 그것을 할 가능성이 커진다. 내가 "나는 아내를 더 사랑해야 돼!"를 "정기적으로 밤에 아내와 데이트도 하고 꽃도 더 자주 사다 줘야겠다!"로 바꾸면 바른 방향으로 가는 것이다.

사실, 이보다 구체적이어야 한다. 나의 행동 계획은 이럴 수 있다. "아내에게 내 사랑을 더 보여주기 위해서 나는 2주에 한 번씩 단둘만의 야간 데이트 일정을 잡고, 적어도 한 달에 한 번은 꽃을 사다 줄 거야!" 이것이 삶에 적용하기다! 나중에 나는 내가 어느 부분에서 성공했고 어느 부분에서 더 좋아질 수 있는지 되돌아볼 수 있다.

마지막으로, 행동 계획을 자신이 상기할 수 있는 자리에 두는 것이 정말 중요하다. 효과가 있으려면 행동이 눈에 보여야 한다. 실제로 그 행동 계획이 성경을 읽을 때만 보인다면 회의를 할 때나 아이들과 함께 있을 때, 심부름을 하거나 프로젝트를 진행할 때 그 계획을 기억할 가능성은 매우 낮다. 당신의 행동 계획을 잘 보이는 곳에 둘 방법을 찾아라. 화장실 거울이나 사무실 책상에, 또는 자동차 계기판에 붙여놓는다는 뜻일 수도 있다. 나는 '할 일 목록'(to-do list)을 기록한 컴퓨터 달력을 모니터 화면 오른쪽에 띄워놓고 자주 들여다본다. 나는 나의 행동 계획을 할 일 목록으로 작성해 필요한 전화 통화, 수행할 프로젝트, 소화해야 하는 스케줄과 나란히 두기 시작했다. 당신도 당신에게 맞는 방법을 찾아 실행에 옮겨야 한다.

⚜

당신이 다음 몇 달 동안 두 가지 습관 기르기를 기도한다. 첫째는 하나님께서 그분의 말씀을 통해 원리원칙을 계시하실 때 그분께 정기적으로 귀 기울이는 습관이다. 둘째는 이러한 원리원칙을 구체적이고 측정 가능하며 눈에 보이는 행동으로 옮기는 계획을 세우는 습관이다. 두 습관을 기르면 당신은 하나님께서 당신을 그분이 바라시는 사람으로 빚으실 수 있고 또한 그렇게 하실 자리에 있게 될 것이다.

마무리는 한두 단락에 집중해 정리, 구조화하면서 단어와 어구를 연구하고 삶에 적용하는 단계다.

마무리 단계는 기초 놓기와 뼈대 세우기가 충실히 이루어진 후에 할 때 열매가 가장 풍성하다.

FALLING IN
LOVE WITH
GOD'S WORD

4단계

내면화

"암송하다"(memorize)라는 단어를 들을 때 무슨 생각이 드는가? 내가 알기로, 사람들은 "암송하다"라는 단어를 들으면 대개 움찔한다. 나는 그 단어를 들을 때 "머리가 좀…"이라는 어구가 곧장 떠오른다. 암송은 뇌에 뭔가를 집어넣고 거기서 떠나지 않기를 바라는 것을 암시하는 것 같다. 이것은 우리가 성경을 생각하려는 바로 그 방식이 아니다.

나는 '하나님의 말씀과 사랑에 빠지기 워크숍'을 인도할 때마다 참석자들에게 묻는다. "여러분 중에 성경을 암송하려고 해본 적이 있는 사람이 얼마나 되나요?" 거의 모든 사람이 손을 든다. 나는 뒤이어 묻는다. "그러면 여러분 중에 포기한 사람은 얼마나 되나요?" 훨씬 많은 사람이 손을 든다.

사실, 하나님께서는 우리가 단지 성경의 더 많은 부분을 머릿속에 두기를 원하시는 게 아니고, 성경을 '내면화'하기를 원하신다. 하나님께서는 성경이 우리의 일부가 되기를 원하신다. 그분은 우리가 종일, 그리고 매일 성경을 휴대하기를 원하시고, 우리가 그분의 말씀을 통해 그분과 관계를 갖기를 원하신다. 하나님께서는 애초에 그분의 말씀을 기록하도록 성령의 감동을 주셨던 사람들만큼이나 우리에게도 그분의 말씀이 생생하게 살아 있기를 원하신다.

성경을 내면화하는 과정은 2단계로 나뉜다.

첫 번째 단계는 이 성경공부 과정 전체에 내재해 있다. 성경 어느 책이든 이 과정을 적용하면 결국에는 지금껏 공부한 그 어느 책보다 그 책을 더 잘 알게 될 것이다. 그중 일부는 단어 하나하나를 그대로 알게 될 것이다.

두 번째 단계는 성경 어느 책을, 심지어 그 책 전부를 더 자세히, 단어 하나하나 정확히 그대로 알려는 사람들을 위한 것이다. 여기서는 두 번째 단계의 방식을 살펴보겠다.

내면화의 두 번째 단계는 사람마다 다르다. 사람마다 배움의 속도와 방식이 다르다. 나는 성경공부 과정 전체를 적용할 수 있도록 하루하루의 가이드를 제시했다. 그러나 내면화의 두 번째 단계를 동일한 일정표에 맞출 수는 없다.

　이어지는 글에서 나의 목표는 당신이 60일간의 모험(부록 A 참조)과 그 이상으로 성경을 자신이 원하는 만큼 내면화하는 데 도움이 되는 실제적인 도구를 제공하는 것이다. 당신이 핵심 구절들을 선택해 내면화하든 책 전체를 내면화하든, 이 도구들은 당신이 목표를 달성하는 데 도움이 될 것이다.

　성경을 내면화하려 할 때마다 이 점을 명심하라. 당신의 목표는 단순히 '단어들'(words)을 아는 게 아니라 '말씀'(Word)을 아는 것이어야 한다. 이것이 내면화의 핵심이다. 단순히 단어들을 알려고 한다면 성경을 과소평가하는 것이다. 그러나 단어 익히기가 우리로 하여금 성경의 원저자를 더 알게 할 때, 우리는 하나님과 그분의 말씀을 전에 없이 깊이 사랑하게 될 것이다.

01 다섯 가지 이유

왜 성경을
내면화해야 하는가?

이 책을 이미 대부분 읽었고 '빌립보서로 떠나는 60일간의 모험'(부록 A 참조)에서 전반부 30일까지 마쳤다면 내면화가 성경공부 방식에 '붙박일' 수 있음을 이미 알고 있을 것이다. 그러나 '신속히 성경을 암송할 수 있는 방법'을 기대하며 4단계 과정으로 곧바로 넘어왔다면 이 장을 세심하게 읽으며 '내면화'가 '암송'과 얼마나 다른지, 얼마나 효과적인지 확인하라. 나는 우리 모두가 내면화를 성경공부 방식에 넣어야 할 다섯 가지 이유를 발견했다.

하나님께서 명하신다

이 책에서 첫 단계의 많은 부분을 이 개념에 할애했다. "오늘 내가 네게 명하는 이 말씀을 너는 마음에 새기고…"(신 6:4-9), "내가 주께 범죄하지 아니하려 하여 주의 말씀을 내 마음에 두었나이다"(시 119:9-16), "그리스도의 말씀이 너희 속에 풍성히 거하여…"(골 3:16,17) 같은 여러 구절을 살펴보았다. 성경을 종일 지니고 다니는 방식으로 성경을 알라고 독려하고 명령하는 구절이 성경 곳곳에 있다.

나는 이 구절들을 아주 오랫동안 알았지만 실행에 옮긴 지는 겨우 10년 정도밖에 되지 않는다. 오랜 세월, 머리를 성경 지식으로 채우려고 애썼다. 그러나 정작 마음을 성경으로 흠뻑 적시려 했던 시간은 거의 없었다.

성경 내면화의 여정을 시작하는 당신에게 경고해두겠다. 하나님의 말씀을 당신의 마음에 두고 새기기 시작했다면, 그분의 말씀이 당신 속에 풍성히 거하기 시작했다면 당신은 푹 빠져들 것이다! 나는 성경의 한 책을 내면화하면 더 많은 책을 내면화하고 싶어진다는 것을 알게 되었다.

성경 내면화는 힘을 준다

내가 성경을 '암송'한 게 아니라 '내면화'했다는 사실을 처음 깨달은 때가 생생하게 기억난다. 1993년 늦여름, 한 달 남짓 매일 빌립보서를 읽고 있었다. 차를 몰고 워싱턴주 타코마 5번 고속도로를 달리면서 빌립보서를 생각하다가 내가 빌립보서 몇몇 단락을 외워서 알고 있음을 깨닫기 시작했다. 그때 나는 빌립보서를 읽고 그 배경을 공부한 게 전부였다.

성경 단어들이 내 마음의 맨 앞에 자리하는 것은 매우 고무적이었다. 나는 성경공부 시간 외에도 빌립보서를 생각하고 있었다. 운전할 때, 걸을 때, 쉴 때, 일들을 처리하느라 바삐 다닐 때, 하나님의 말씀을 묵상하고 있다는 것을 깨달았다. 나는 우리가 매일 기쁜 일이나 힘든 일을 만날 때 하나님께서 우리에게 그분의 약속과 그분의 신실하심을, 선하심을, 우리를 향한 사랑을 일깨워주고 싶어 하신다고 믿는다.

성경은 유익하다

대부분은 이 말을 믿지 않는다. 이들은 2천 년 전의 사람들이 2천 년 전의 사람들에게 2천 년 전에 존재한 사회를 위해 성경을 썼다고 믿는다. 많은 사람이 대놓고 이렇게 말하지 않지만, 우리가 사는 방식이 이것이 사실임을 보여준다.

디모데후서 3장을 보라. 바울은 "너는 이것을 알라 말세에 고통하는 때가 이르러…"라는 말로 시작하여, 이어서 사회가 어떤 모습인지 묘사한다.

사람들이 자기를 사랑하며 돈을 사랑하며 자랑하며 교만하며 비방하며 부모를 거역하며 감사하지 아니하며 거룩하지 아니하며 무정하며 원통함을 풀지 아니하며 모함하며 절제하지 못하며 사나우며 선한 것을 좋아하지 아니하며 배신하며 조급하며 자만하며 쾌락을 사랑하기를 하나님 사랑하는 것보다 더하며 경건의 모양은 있으나 경건의 능력은 부인하니… 딤후 3:2-5

이러한 묘사가 사라진 지 오래된 2천 년 전 사회처럼 들리는가, 아니면 당신이 매일 경험하는 사회처럼 들리는가? 우리 사회에서 이런 사람들을 찾아 굳이 멀리 갈 필요도 없고, 때로는 거울 속에 이런 사람이 있다. 바울은 사회와 자신의 삶에 관해 좀 더 세밀하게 말한 후, 다음과 같은 말로 디모데후서 3장을 끝맺는다.

또 어려서부터 성경을 알았나니 성경은 능히 너로 하여금 그리스
도 예수 안에 있는 믿음으로 말미암아 구원에 이르는 지혜가 있
게 하느니라 모든 성경은 하나님의 감동으로 된 것으로 교훈과
책망과 바르게 함과 의로 교육하기에 유익하니 이는 하나님의
사람으로 온전하게 하며 모든 선한 일을 행할 능력을 갖추게 하
려 함이라 딤후 3:15-17

바울은 성경이 앞서 묘사한 것과 같은 사회에 사는 사람들
에게 유익한 도구라고 말한다. 나는 우리 사회에서 디모데후서
3장 전반부가 더는 적용되지 않을 때마다, 그리고 그때에야 디
모데후서 3장 후반부가 더는 적용되지 않으리라는 희망을 품
을 수 있을 것이다.

에베소서 6장에서 바울은 모든 그리스도인이 참여하는 영적
싸움에 관해 말한다. 하나님께서 우리에게 그분의 말씀을 검
(유일하게 공격용 무기로 언급된)으로 주셨다고도 말한다. 싸우
러 나가려면 최대한 크고 유용한 검을 들어야 하지 않겠는가?
우리가 성경을 알수록 성령께서는 성경이 우리를 도울 수 있을
때 성경이 생각나게 하신다. 그것은 우리가 일깨움을 받아야
하는 유혹의 순간일 수도 있고, 격려가 필요한 슬픔의 순간일

수도 있으며, 담대함이 필요하며 믿음을 나누는 기회일 수도 있다. 우리가 애초에 성경을 마음에 두는 일을 해두었다면, 성령께서 우리로 성경을 기억나게 하실 가능성이 훨씬 커진다.

내면화된 성경은 놀라운 사역 도구다

1995년, 요한복음을 무대에 올리려고 준비할 때 나는 시애틀에 거주하는 연출가를 고용했다. 월요일부터 수요일까지는 그가 타코마에 왔고 목요일부터 토요일까지는 내가 시애틀에 갔다. 한번은 타코마로 돌아오는 길에 나는 많은 사람의 절대 금기를 깨고, 히치하이킹 하는 사람을 태웠다. 그는 배낭을 뒷자리에 던져 넣고는 앞자리로 와서 자신을 소개했다. 그의 이름은 앤서니라고 했다.

한 시간 거리의 여정을 시작하면서 그에게 어디 가느냐고 묻자 그는 이렇게 대답했다. "그냥 여행 중이에요. 이를테면, 나 자신을 찾아가는 여행이죠." 그가 내 직업을 물었을 때 나는 청소년 담당 목사이자 찬양 목사이며, 요한복음을 1인극으로 공연한다고 했다. 직업이 목사라고 말하면 사람들은 전형적으로 두 반응을 보인다. 죽은 듯이 침묵하거나 극단적인 관심을 보이거나. 앤서니는 아주 흥미를 느끼는 것 같았고, 어찌나 강하게 느꼈던지 나에게 이야기를 몇 가지 들려달라고 했다. 나는 가만히 앉아 성경을 단어 그대로 인용하는 대신, 그와 동행하는 여정의 후반전을 요한복음의 여러 인물에 관해 이야기하며 보냈다.

타코마에 이르러 길가에 차를 세우고 그에게 성경이 있느냐고 물었다. 그가 "아뇨!"라고 답했다. 내가 한 권 갖고 싶으냐고 묻자 그는 "그럼요! 깜빡 잊고 읽을거리를 하나도 안 챙겨 왔는걸요. 한 권 주신다면 정말 고맙죠!"라고 대답했다. 나는 시애틀의 교통 체증에 대비해 운전석 문 포켓에 늘 작은 성경을 한 권 넣어 다니는데 그에게 그 성경을 건넸다. 그가 차에서 내린 후 그에게 마지막으로 물었다. "앤서니, 당신과 당신의 여행을 위해 기도해주고 싶은데 괜찮을까요?" 그는 말없이 아스팔트에 무릎을 꿇고 두 손을 모은 채 운전석 옆 좌석에 머리를 숙였다. 나는 그의 어깨에 손을 얹고 기도했다.

나의 기도는 짧았고, 작별 인사를 나눈 후 나는 가던 길을 계속 갔다. 지금 앤서니가 어디 있는지, 내게서 받은 성경을 읽기나 했는지 알 길이 없다. 그러나 하나님의 약속은 기억한다. "내 입에서 나가는 말도 이와 같이 헛되이 내게로 되돌아오지 아니하고 나의 기뻐하는 뜻을 이루며 내가 보낸 일에 형통함이니라"(사 55:11). 적어도 하나님께서 그날 그분의 말씀을 옥토에 뿌린 씨앗으로 사용하셨다고 확신한다.

많은 그리스도인이 자신의 믿음을 충분히 나눌 만큼 성경을 잘 알지 못한다고 느낀다. 나는 앤서니를 태우고 가면서 결코 신학을 말하지 않았고, 성경 구절을 곳곳에서 인용해야 한다고 느끼지도 않았다. 사실, 그랬으면 오히려 방해가 되었으리라. 나는 우리가 성경을 내면화할수록 하나님께서는 우리를 변화시키는 데 그분의 말씀을 더 많이 사용하실 것이라고 믿는다. 하나님을 닮을수록 하나님에 관한 대화가 삶의 방식에서 자연스럽게 흘러나온다. 때로 성경 이야기를 많이 할 것이다. 때로는 함께 차를 타고 가면서 여러 가지 이야기를 나누고 기도할 것이다.

성경이 늘 당신 곁에 있게 된다

여기서 '마지막 때'에 관해 토론하려는 것은 아니다. 그러나 나는 성경을 지금처럼 쉽게 접할 수 없는 날이 올 수 있다고 믿는 사람이 많다는 것을 알고 있다. 세계 곳곳에, 그런 날이 이미 왔다! 같은 일이 우리에게 일어나지 않으리라는 보장은 없다. 그날이 내게 닥친다면, 나는 하나님의 말씀 없이 지내고 싶지 않다.

몇 년 전, '하나님의 말씀과 사랑에 빠지기 워크숍'을 인도하면서 바로 이 부분을 다루었다. 어느 자매가 손을 들고 말했다. "그들이 성경을 빼앗고 우리를 가둔다면, 저는 목사님 옆방에 갇히고 싶어요." 다들 웃음을 터뜨렸고 동의한다며 고개를 끄덕였으나 나는 재빨리 "저는 그런 압박을 받고 싶지 않아요!"라고 답하고는 말을 이어 갔다. "저는 요한복음을 압니다. 하지만 여러분이 마태복음, 로마서, 에베소서, 시편, 고린도전서 등을 공부한다면 어떨까요?" 그게 훨씬 낫지 않겠는가?

그러나 이 개념은 박해의 때를 훨씬 넘어서며, 당신의 하루에서 성경책이 당신 앞에 펼쳐져 있지 않은 어느 순간에든 직접 적용된다. 내면화는 우리가 하나님의 마음에 있는 것들을 지속적으로 알게끔 해준다.

＊

이 장을 끝내면서, 잘 알려진 저자요 강사이며 달라스신학교 총장인 척 스윈돌(Chuck Swindoll) 목사의 말을 곱씹어 보자.

"내가 알기로, 그리스도인의 삶에서 실제로 성경 암송만큼 수지맞는 실천은 없다… 성경 암송만큼 영적 이자가 많은 행위는 없다! 당신의 기도 생활이 강해질 것이다. 당신의 증언이 더 예리해지고 훨씬 더 효과적이 될 것이다. 당신의 태도와 전망이 바뀌기 시작할 것이다. 당신의 생각이 초롱하고 예리해질 것이다. 당신의 확신이 강해질 것이다. 당신의 믿음이 견고해질 것이다."[1]

하나님의 말씀을 내면화할 필요가 있다. 하나님의 말씀이 우리의 일부가 되어야 한다. 하나님께서 우리에게 그분의 말씀이 필요하다고 말씀하시기 때문이다. 하나님의 말씀은 힘을 준다. 하나님의 말씀은 유익하다. 하나님의 말씀은 놀라운 사역 도구다. 그리고 당신 곁에 성경책이 없을 때가 많다. 성경을 내면화하면 성경이 늘 당신 곁에 있게 된다.

02 유의 사항 세 가지

성경을 내면화할 때 하지 말아야 할 것들

이 책 대부분에서 나는 당신이 다양한 실천을 통해 성경공부에 성경 내면화를 넣도록 독려했다. 그러나 성경 내면화에서 주의해야 할 것들이 세 가지 있다.

메시지를 잊지 말라

때로 단어를 정확히 그대로 외우는 데 너무 집중하다가 핵심 메시지를 잊기 쉽다. 늘 기억하라. 목표는 단순히 '단어들'을 아는 것이 아니라 '말씀'을 아는 것이다. 메시지가 늘 새롭도록 하는 일이 아주 중요하다.

이렇게 하는 한 가지 방법은 내면화할 때 해당 구절의 <u>감정</u>

을 그대로 유지하는 것이다. 계속 소리 내어 읽으면서 등장인물들이 말하고 서로 소통하는 것을 보고 들어라. 단어에 집중하다 보면 단어에서 감정이 사라지게 두기 쉽다. 이런 일은 어떻게든 피하라! 살아 있는 말씀이 당신에게 생생할수록 그 말씀을 기억하기 쉽다.

메시지가 늘 새롭게끔 하는 또 다른 도구가 있다. 대략 매주 하루는 꼼꼼한 성경 내면화에서, 그리고 그 문제에 대한 마무리 작업에서 손을 떼고 기초적 읽기로 돌아가는 것이다. 하루 동안 성경 내면화 과정에서 물러나 단순히 이야기나 편지 읽기를 즐기면, 다음날 제자리로 돌아갔을 때 성경 내면화가 훨씬 쉬워진다.

내용을 익힐 때까지 장절은 신경 쓰지 말라

먼저, 장절을 아는 것이 자신에게 중요한지 결정해야 한다. 나의 경우, 무슨 절이 몇 장에 있는지 아는 것은 중요하지만 어떤 말씀이 몇 절인지 일일이 아는 것은 그렇게 중요하지 않다고 판단했다. 누군가 예수님이 5천 명을 먹이신 이야기나 나사로의 죽음과 부활 이야기가 어디에 나오느냐고 묻는다면 나는 요한복음 6장과 요한복음 11장이라고 말해줄 수 있기를 바라지만, 꼭 "요한복음 6장 1-15절과 요한복음 11장 1-44절"이라고 말할 수 있어야 한다고는 생각지 않는다. 그러나 장(章)은 물론이고 절(節)까지 아는 게 아주 중요하다고 여기는 사람들도 있다. 자신이 얼마큼이나 구체적으로 얻고 싶은지 결정해야 한다. 어느 쪽을 택하든, 정확히 순서대로 내면화하는 것이 가장 중요하다.

전체 메시지…
그다음은 개별 이야기/생각…
그다음은 단락…
그다음은 절

이 패턴은 이 책이 제시하는 성경공부 과정 전체를 이루고 있으며, 이 패턴을 따른다면 기초 놓기, 뼈대 세우기, 마무리 과정에서 어떤 내용이 몇 장에 나오는지도 자연히 알게 된다. 어떤 내용이 몇 절에 나오는 것까지 알고 싶다면 이를 위한 단계를 추가해야 한다.

자신이 모르는 것을 내면화하려 하지 말라

성경의 어느 책을 공부할 때 내면화까지 생각한다면 이것은 분명해 보일 것이다. 그러나 자신에게 특별히 의미 있는 개별 구절이나 단락을 익히고 싶을 때도 있을 텐데 이럴 때는 주변 문맥과 친숙해지는 시간을 가져라. 베드로후서 1장 3,4절을 공부한다고 하자.

> 그의 신기한 능력으로 생명과 경건에 속한 모든 것을 우리에게 주셨으니 이는 자기의 영광과 덕으로써 우리를 부르신 이를 앎으로 말미암음이라 이로써 그 보배롭고 지극히 큰 약속을 우리에게 주사 이 약속으로 말미암아 너희가 정욕 때문에 세상에서 썩어질 것을 피하여 신성한 성품에 참여하는 자가 되게 하려 하셨느니라

이 구절을 공부하기 전에 며칠간 기초적 읽기 기술을 베드로후서에 적용하면 더없이 유익할 것이다. 이 편지가 좀 더 친숙해짐에 따라, 이 두 절의 문맥을 알기에 이 구절이 당신에게 큰 의미를 갖는다는 것을 알게 될 것이다. 누가 알겠는가? 당신이 다음번에 공부하고 내면화할 책으로 베드로후서를 선택할지!

03 일반적 기술과 구체적 기술

단어들을 정확히 순서대로
익히는 것이 가능한가?

앞서 서론에서 브루스 쿤을 언급했다. 그는 성경의 책 하나를 통째로 '공연'했는데, 나로서는 이런 광경이 난생 처음이었다. 이튿날 그와 점심을 먹으면서 대화하다가 그에게 "그 많은 구절을 어떻게 암송하세요?"라고 물었다. 그는 간단하게 답했는데 그 대답이 내게는 절대 잊지 못할 말이 되었다. "이야기 먼저 암송하세요. 그런 다음에 그 페이지의 단어들을 활용해서 이야기하세요."

'이야기 암송'은 기초 놓기에서 뼈대 세우기를 거쳐 마무리로 넘어가면서 자연스럽게 이루어진다. 이 책에 제시된 원리원칙을 적용하면 당신은 공부하는 책의 '이야기'를 낱낱이 알게 되며 이야기가 오랜 친구같이 된다. 이야기를 잊지 않을뿐더러 거듭 이야기로 돌아가 새로운 통찰을 얻게 된다.

이 시점에서 당신은 이른바 그 책에 관해 '실용적 지식'을 갖게 되는데, 더러는 여기서 멈춘다. 당신은 어느 구절을 어디서 찾아야 하는지 알고, 저자의 사고 흐름을 안다. 전체 주제는 물론이고 개별 개념도 안다. 여러 부분을 단어들이 적힌 그대로 알지만, 아직 책 전체를 그렇게 알지는 못한다.

이 장에서는 성경 내면화의 다음 단계로 넘어가 단어들을 정확히 순서대로 익히는 일반적 기술과 구체적 기술을 소개하겠다. 이 기술을 하나의 이야기, 한 장, 또는 성경의 책 하나 전체에 적용하느냐는 당신에게 달렸다.

내 경험상, 일반적 기술은 내면화하는 단락의 형태나 길이와 상관없이 거의 모두에게 효과가 있었다. 나는 지난 수년간 하나님의 말씀과 사랑에 빠지기를 가르치면서 많은 사람에게 도움이 된다고 입증된 구체적인 기술도 축적했다. 이 모든 기술을 시도하면서 나에 가장 적합한 기술을 찾아 거기 집중했다. 당신도 여러 기술을 시도하다 보면 몇몇에 끌릴 것이다. 성경은 모든 상황에 적용된다. 그러나 성경공부 기술은 당신의 기호나 학습 형태에 따라 달라진다.

이 단계의 첫머리에서 언급했듯이, 내면화 과정에서 이 부분은 60일간의 모험 일정표에 들어맞지 않는다. 어떤 사람들은 이 원리원칙들을 몇 주만 적용해도 책 하나 전체를 공부하기에 충분하다. 어떤 사람들은 한두 달이 좀 더 현실적이다. 모든 것이 그 책을 얼마나 완벽히 알기 원하느냐, 과거에 성경을 얼마나 내면화했느냐, 그 과정에서 얼마나 많은 시간과 노력을 쏟느냐에 달렸다.

당신이 구체적으로 어떤 상황에 있든, 하나님의 말씀을 내면화하는 데 어느 정도 시간을 쏟는다면 일상에 엄청난 유익이 있을 것이다. 성경의 단어들을 마음에 심고 나면, 성령께서 하나님의 말씀으로 우리를 격려하고 도전하며 가르치고 위로하실 수 있다.

일반적 기술

같은 성경을 사용하라

기초적 읽기를 다룬 장에서 이 부분을 간략하게 언급했다. 단어들을 정확한 순서대로 기억하려면, 동일한 번역 성경을 사용할 뿐 아니라 같은 성경책을 사용하는 것이 중요하다. 하나의 번역 성경과 하나의 성경책을 선택해 거기 집중하라!

같은 성경책으로 읽으면 각기 다른 구절, 이야기, 절이 어느 페이지 어디쯤 있는지 기억되기 시작한다. 여러 절이 단지 순서대로 나열된 일련의 단어가 아니라 전체 이야기의 일부로 시각화되기 시작한다. 어느 이야기가 어느 지점에서 시작되고 끝나는지 기억된다. 예를 들면, 예수님이 맹인의 눈을 뜨게 하신 이야기(요한복음 9장)가 내 성경책에서 오른쪽 페이지 왼쪽 단 중간 아랫부분에서 시작된다. 당신에게도 똑같은 일이 일어날 것이다. 절과 단락의 고정된 위치 덕에 당신의 기억이 지속적으로 향상될 것이다.

눈을 감고 읽어라

이상하게 들리겠지만 참고 들어주기 바란다. 한 단락과 꽤 친숙해졌으면 처음 몇 단어만 읽고 눈을 감아라. 소리 내어 읽기 시작하면 이렇게 하기가 훨씬 쉬울 것이다. 마음의 눈으로 페이지를 그려보고 계속 그 단락을 읽어라. 눈을 감고 계속 읽으면서 마음속으로 그 '페이지'에서 더는 계속할 수 없을 때까지 한 절씩 따라가라. 막히면 잠시 눈을 떠서 확인하고, 다시 눈을 감고 계속 읽어라.

자신이 성경을 보지 않고도 아주 많이 나갈 수 있다는 데 놀랄 것이다. 사실, 눈을 떠야 할 때마다 당신의 눈은 눈을 감고 읽다가 막힌 바로 그 지점에 가 있을 것이다. 왜? 이미 그 부분을 숱하게 보았기 때문이다. 자주 이렇게 할수록 눈 감고 읽을 수 있는 분량이 늘어난다.

성경을 덮고 읽어라

눈을 뜨고 읽는 시간보다 많은 시간을 눈을 감고 읽을 수 있게 되었다면, 이번에는 성경을 덮은 채 그 단락을 읽어라. 막히더라도 성경을 펴지 말고 잠시 머릿속으로 더듬으면서 제자리로 돌아가려고 노력하라. 자신이 이야기에서 어디쯤 있는지 생각하라. 이야기의 '요소들'에 집중하고 단어들이 기억나는지 보라. 그런 다음, 몇 문장을 되돌아가 다시 시도해보라.

그래도 막힌다면 성경을 펴서 다시 시작하고 성경을 덮어라. 명심하라. "다음에 막힐 때를 대비해 손가락을 북마크로 사용하라"라고 말하지 않았다. 그러지 말라! 그렇게 하면 다음에 편법으로 너무 빨리 넘어가게 될 것이다. 자신에게 어려운 부분을 생각만으로 스스로 헤쳐나가야 한다. 당신은 매번 어떤 어구나 구절에서 막히기를 원치 않을 것이다.

이러한 일반적 기술을 성경공부에 적용하면, 모든 과정에서 성경을 잘 익히게 된다. 반복해서 읽기, 인물과 배경 연구, 일반적 개요와 구체적 개요 작성, 단어 연구, 삶에 적용하기. 이야기를 알수록 "그 페이지에 있는 단어들을 활용해 이야기하기"가 늘 것이다.

구체적 기술

성경을 오디오로 들어라

많은 사람에게 오디오 성경은 성경 내면화에 도움이 된다. 오디오 성경은 성경 내면화 과정의 어느 단계에서든 활용될 수 있다. 초기에는 운전하거나, 설거지하거나, 샤워하거나, 잔디를 깎으면서 이야기를 머릿속에 그리는 또 다른 도구가 될 수 있다. 어떤 단락을 더 잘 알게 되면 오디오 성경에 맞춰 암송하면서 자신이 어디에서 단어를 빼먹거나 전혀 다른 단어를 말하는지 확인할 수 있다.

오디오 성경은 어느 기독교 서점에나 있다. 거의 모든 주요 번역 성경이 오디오 테이프나 CD로 판매된다. 오디오 성경을 구매하기 전에, 자신이 공부하는 성경과 동일한 번역인지 확인하라. 가능하면 서점에 비치된 샘플을 들어보라. 어떤 오디오 성경은 한 사람이 낭독하고, 어떤 오디오 성경은 여러 사람이 여러 부분을 낭독한다. 오디오 성경마다 배경 음악, 효과음 등 드라마틱한 정도가 다르다. 자신이 실제로 즐겁게 들을 수 있는 오디오 성경을 구해야 한다!*

오디오 성경 전질을 사고 싶지 않다면 직접 만들 수도 있다. 우리 소그룹이 갈라디아서를 공부할 때, 내가 공테이프에 갈라디아서를 직접 녹음했다. 매우 간단하면서도 저렴한 대안이다.

메모 카드와 스티커 메모지를 활용하라

사람들은 무엇에 관해서든 기억하려고 이 기술을 오래전부터 사용했다. 이 기술은 성경을, 특히 말문이 막히게 하는 부분을 잘 익히는 데에도 분명히 도움이 된다. 나는 성경의 어느 책을 익힐 때마다 빼먹거나 쉽게 넘어가지 못하는 절이 적지 않았다. 당신도 그런 면이 있다면 그 한 절(또는 여러 절)을 스티커 메모지에 적어 하루에도 여러 차례 눈이 가는 곳에 붙여 두어

---

* 대부분의 스마트폰 성경앱은 성경듣기 서비스를 제공하고 있으며, 일부 번역 버전에 따라 음원을 유료로 판매하기도 한다. – 편집자 주

라. 화장실 거울도 좋고, 옷장 문이나 냉장고, 자동차 계기판도 좋다. 그 구절을 메모 카드에 적어 서류가방이나 다이어리, 직장 책상에 둘 수도 있다. 나는 성경 구절을 컴퓨터 모니터의 스크롤 화면 보호기로 활용하기도 했다. 창의력을 발휘하라! 당신이 보는 곳에 두어라.

목록 익히기

성경에는 이름 목록, 특징 목록, 도시 목록 등 각종 목록이 있다. 이 목록들을 익히고 단어를 순서 그대로 익히는 게 매우 부담스러워 보일 수도 있다. 이것을 좀 쉬워지게 하는 방법이 있다. 빌립보서 4장 8절에 나오는 목록을 살펴보자.

끝으로 형제들아 무엇에든지 참되며 무엇에든지 경건하며 무엇에든지 옳으며 무엇에든지 정결하며 무엇에든지 사랑받을 만하며 무엇에든지 칭찬받을 만하며 무슨 덕이 있든지 무슨 기림이 있든지 이것들을 생각하라

여기서 목록을 구성하는 여덟 항목을 밑줄로 표시했다. 첫째, 분명한 패턴이 있는지 확인하라. 성경 전체에는 인접 단어

들이 같은 알파벳으로 시작하는 목록이 있다. 그런가 하면 단어들이 알파벳순으로 나열된 경우도 있다. 어떤 목록은 단어들에 압운(rhyme)이 있다. 익히려는 목록이 이들 중 하나에 해당한다면 그 패턴을 머릿속에 메모하라. 뇌는 패턴을 사랑한다. 우리는 패턴을 빨리 익히고, 오래 기억할 수 있다.

이 구절의 목록에는 뚜렷한 패턴이 없다. 이럴 때 내게 큰 도움이 된 다른 기술들이 있다.

첫째는 항목들을 그룹으로 묶는 것이다. 이 구절의 목록에서 첫 여섯 항목은 모두 "무엇에든지"로 시작한다는 데 주목하라. 여섯 항목을 하나씩 따로 기억하는 대신 간단하게 셋씩 두 그룹으로 나누어라. "참되며-경건하며-옳으며"가 한 항목이고 "정결하며-사랑받을 만하며-칭찬받을 만하며"가 둘째 항목이다. "덕-기림"이 그 자체로 셋째 항목이다. 일단 이러한 그룹들이 혀에 익기 시작하면 기억해야 할 항목은 여덟에서 셋으로 줄어든다!

둘째 기술은 각 단어의 첫 글자를 기억함으로써 목록을 한층 더 줄이는 것이다. 이제 그룹들은 "참(되며)-경(건하며)-옳(으며)", "정(결하며)-사(랑받을)-칭(찬받을)", "덕-기(림)" 즉 "참-경-옳", "정-사-칭", "덕-기"이다. 이때쯤 당신은 이 구절을 숱하게 읽어서 단어들을 다 알고 있으므로 단어를 어떤 순서로 배열할지만 기억하면 된다.

목록과 관련해 당신에게 도움이 될 기술이 또 있다. 내가 처음 피아노를 배울 때 선생님은 내게 악보 보는 법을 가르치며 악보의 줄은 음의 높이를 나타낸다고 말했다. 만약 선생님이 "첫째 줄은 E, 둘째 줄은 G, 셋째 줄은 B, 넷째 줄은 D, 다섯째 줄은 F예요!"라고 했다면 나는 듣자마자 잊어버렸을 것이다. 선생님은 그러는 대신 따라하라고 했다. "Every Good Boy Deserves Fudge." 여덟살배기의 머리에 쏙 들어오는 설명이었다!

성경의 단어 목록도 이렇게 할 수 있다. 빌립보서 4장 8절을 예를 들면 이렇게 만들어볼 수 있다. "참 나~ 경찰이 올(옳) 건데 정체를 숨기고 사칭한 덕기 녀석." 빌립보서 4장 8절을 열 번 읽고 이 구절을 다섯 번 반복하면 절대로 잊어버리지 않을 것이 거의 확실하다! 목록으로 패턴을 만들거나 연상법을 활용하면 한결 기억하기 쉬워진다.

성경을 써보라

내가 아는 그 누구보다 성경의 많은 부분을 내면화한 친구가 있다. 그 친구가 성경의 한 단락을 꽤 잘 알게 된 후 가장 즐겨 하는 일 중 하나는 그 단락을 쓰는 것이다. 그는 펜과 종이를 꺼내 그냥 쓰기 시작한다. 심지어 자신의 성경과 똑같이 줄과 페이지를 맞춰 쓴다. 읽으면서 본 것을 강화하기 위해서다. 그에게 이 방법은 성경을 묵상하는 엄청난 기회이기도 하다. 읽기보다 쓰기가 느리기 때문에 직접 쓰면 눈으로 훑고 넘어갈 때보다 모든 단어에 깊이 잠길 수 있다.

한두 번 시도해보라. 컴퓨터로 치는 편이 더 효과적인 사람도 있다. 성경 구절을 일기장에 쓸 수도 있겠다. 어떻게 하든, 당신은 내 친구처럼 성경 쓰기가 성경을 더 잘 기억하는 데 도움이 될 뿐 아니라 성경의 원저자와 더 친밀해지는 데도 도움이 됨을 알게 될 것이다.

성경 암송 프로그램을 활용하라

얼마 전에 인터넷에서 "성경 암송"이라고 치고 검색하다가 그 정보량이 엄청나서 깜짝 놀랐다. 검색된 링크들이 성경 암송 관련 기관이나 그룹이나 클럽이나 캠프의 홈페이지로 연결되었다. 개인들도 사이트를 만들어 성경 내면화가 자신의 삶에 미치는 영향과 자신이 성경을 암송하는 방법을 들려준다.

성경 내면화를 돕는 소프트웨어와 관련된 웹사이트를 여럿 발견했다. 어떤 소프트웨어는 유료이고 어떤 소프트웨어는 무료였다. 몇 개를 내려 받아 시험해보았다. 몇몇은 꽤 좋았고 몇몇은 별로였다.

내가 찾은 프로그램들은 한 번에 한 단락이나 한 구절씩 익히는 데 초점을 맞춘 것이었다. 성경의 책 하나 전체는 말할 것도 없고 큰 단락의 내면화를 돕는 프로그램은 없었다. 그렇더라도 이 프로그램들은 당신에게 특별히 의미 있는 단락이나 어려운 단락을 익히는 데 매우 유용할 수 있다.

이 프로그램들은 대부분 이미 프로그램에 포함된 구절을 익히고 복습하도록 안내한다. 실제로 사용자가 직접 구절을 선택할 수 있는 프로그램은 몇몇에 지나지 않는다.

소프트웨어는 계속 나오고 업데이트된다. 따라서 여기서 특정 프로그램을 추천하지는 않겠다. 이 프로그램들 중에 당신의 성경 내면화 도구에 추가할만한 유익한 것이 있다고 생각한다면 인터넷에서 찾아 확인해보기 바란다. 인터넷에서 30분이 안 걸려 찾아낸 정보가 한 달을 발품 팔아 얻은 정보보다 훨씬 많았다. 유료 프로그램은 대부분 시험판이 있어서 인터넷에서 내려 받아 사용해본 후 구매를 결정할 수 있다.

점검자를 두어라

더없이 효과적이지만 좀처럼 사용되지 않는 기술이다. 점검할 사람을 두면 골치 아플 수 있기 때문이다. 그렇더라도 당신을 점검할 사람을 꼭 두기 바란다. 당신의 '내면화 친구'가 되고 당신이 익히는 단락을 함께 익힐 파트너를 찾을 수 있을 것이다.

점검자를 두는 데는 두 가지 방법이 있는데, 첫째는 점검자가 당신의 실수를 체크만 할 뿐 그때마다 당신을 멈추지는 않게 하는 것이다. 점검자가 당신이 더듬거리는 부분을 적어두게 하라. 당신이 느려지는 부분이나 단어에 집중한 나머지 메시지가 분명하지 않은 부분도 메모할 수 있다. 이렇게 하면 어느 구절을 보완해야 하는지 금방 드러난다.

둘째 방법은 점검자가 당신이 실수하거나 더듬거릴 때마다 당신을 멈추게 하는 것이다. 그렇다고 두 절마다 멈춘다면 비생산적이므로, 이 방법은 자신이 내면화하려는 단락을 꽤 잘 알 때까지 유보하라. 이것은 '미세 조정'의 범주에 속한다. 파트너가 당신을 멈춰 세우고 당신이 어느 구절을 바로잡을 때, 그 구절을 부정확하게 연습하는 오류를 피할 수 있다.

파트너와 함께 연습하면 아주 효과적이기도 하고 아주 짜증

스럽기도 하다는 것을 알아야 한다. 당신이 정확히 같은 절에서 똑같은 실수를 열 번이나 반복하고 그때마다 파트너가 당신을 멈춰 세운다면 그에게 뭐라도 집어 던지고 싶을 것이다. 그러나 둘 다 같은 부분에서 하나님의 말씀과 사랑에 빠진다면 그 어느 때보다 성경을 더 즐기게 될 것이다!

이 외에도 성경을 익히는 팁과 요령은 아주 많다. 성경의 꽤 많은 부분을 내면화한 사람을 안다면 그들에게 그 비법을 물어라. 주변 서점이나 온라인 등에서 그 외 다른 방법들을 찾아보라. 당신이 가장 먼저 해야 할 일은 일반적 기술을 곧바로 적용하는 것이다. 그런 다음에 구체적 기술을 몇 가지 시도해보고 그중에 당신에게 가장 좋은 결과를 안겨주는 것을 찾아내라. 핵심은 당신에게 적합한 기술을 찾아서 거기 집중하는 것이다.

머릿속에 넣었다면
어떻게 간직할 것인가?

성경 한 부분을 철저히 내면화하려고 노력했다면 그 성경이 자신에게 고스란히 남아있기를 바랄 것이 틀림없다. 그러나 뭔가를 익힌 후 그게 기억에서 절대 지워지지 않게 하는 비결이 있을까? 나는 아직 찾지 못했다(혹시라도 찾았다면 부디 알려주기 바란다).

성경뿐 아니라 무엇이든 익힌 후 나중에 꺼내서 이용할 수 있으려면 얼마간은 복습이 필수다. 예를 들어, 고등학교와 대학에서 2년, 3년, 심지어 4년 동안 어떤 외국어를 배웠다고 하자. 지금도 그 외국어를 잘 구사하는가? 나는 고등학교 3년, 대학 1년 동안 프랑스어를 배웠고, 실제로 대학 시절 한 학기를 프랑스에서 살았다. 그 학기가 끝날 무렵, 프랑스어가 아주 유창해지지는 않았어도 파리 시내를 쉽게 돌아다니고, 쇼핑도 하며, 식당에서 주문도 하고, 하숙집 주인과 일상 대화도 나눌 수 있었다. 15년도 더 지난 지금은 프랑스 식당에서 괜찮은 요리 주문은 고사하고 웨이터를 불쾌하게 하지만 않아도 다행이다.

이것이 핵심이다. <u>뭐든 기억하려면 복습이 필수다.</u> 이 장의 목적은 당신에게 맞는 복습 방법을 찾고 거기에 쏟는 시간을 최대로 활용하도록 돕는 것이다. 다음에 추천하는 네 가지 방법은 이렇게 하는 데 도움이 될 것이다.

자주 복습하라

성경 구절, 악기, 외국어, 그 외에 무엇을 배우든 적용되는 매우 단순한 개념이다. 월요일부터 금요일까지 매일 10분씩 복습한다면 토요일마다 2시간씩 복습할 때보다 훨씬 많은 것을 기억하게 된다. 우리 모두 일상에 잠깐씩 들락날락하는 자투리 시간들이 있다. 운전해 출근하는 데 20분, 우편함을 확인하고 돌아오는 데 3분, 샤워하는 데 7분, 양치질하는 데 2분….

자투리 시간을 모두 성경 복습으로 채우라는 말이 아니다. 주변에서 일어나는 일을 챙기거나, 틈틈이 기도하거나, 머리를 좀 식혀야 할 때가 분명히 있다. 그러나 반복되는 일상에 주목한다면 성경 복습을 통해 특히 우리를 자신에게 더 가까이 이끌려고 자신의 말씀을 기록하신 하나님에게 다시 초점을 맞출 기회가 생긴다.

막힘이 없도록 빠르게 복습하라

빠른 복습은 앞서 말한 자투리 시간에 특히 효과적이다. 성경을 제대로 묵상할 시간이 부족할 때, 빠른 복습은 말씀을 뇌에 간직하면서 혀로 흘러나오게 한다.

이러한 종류의 복습은 말 그대로 빠르게 이루어진다. 지금은 의미, 감성, 구두점, 적용에 초점을 맞출 때가 아니다. 순전히 단어들을 복습하는 것이다. 단어들이 뒤죽박죽되지 않은 채로 단락을 최대한 빠르게 말하라. 그러면서 자신이 더듬대거나 느려지는 부분을 속으로 체크하라. 나중에, 나머지 부분처럼 막히지 않을 때까지 그 부분을 반복하라.

빠른 복습은 중간 복습과 느린 복습을 크게 강화할 수 있다. 단어들이 혀에서 술술 나올 때, 그다음에 무슨 단어들이 나오는지 지속적으로 생각하지 않고도 메시지를 기억하고 구체적인 부분들을 묵상하는 더 큰 능력을 갖게 된다.

메시지를 기억하도록 중간 속도로 복습하라

중간 속도로 복습할 때, 누군가에게 이야기하는 척하라. 나는 성경의 한 책을 공연할 때면 이 속도로 한다. 이 시점에서 핵심은 메시지다. 원작자가 그 자리에 있다면 사용할법한 방식으로 이야기(또는 편지)를 듣거나 말하라.

그러려면 중간 속도로 복습하면서 자신에게 몇 가지 질문을 할 수 있어야 한다. 예를 들어 빌립보서를 복습하고 있다면 이렇게 물을 수 있겠다. 바울이 감옥에서 이 편지를 쓸 때 어떤 느낌이었을까? 바울은 빌립보 교인들 때문에 행복했을까, 실망했을까, 아니면 화가 났을까? 그가 주제를 옮겨갈 때 그의 감정은 어떻게 달라졌을까? 그는 독자들이 이 편지를 읽고 나서 어떻게 행하기를 바랐을까?

한 단락을 복습하면서 거기 담긴 감정들을 유지하라. 이것은 이따금 쉬울 때도 있고, 어떤 때는 도전을 줄 수도 있다. 때로는 어떤 감정이 담겼는지 확실하지 않을 때도 있는데, 다양한 방법으로 어떤 감정이 담겼는지 알아보기를 권한다. 괜찮다면 그 단락을 다른 사람들과 나누면서 피드백을 받아라.

중간 속도로 복습하면 할수록 그 단락이 더 '실감' 날 것이다. 순간순간 각기 다른 것이 뒤어나올 것이다. 단순히 성경을 읽는 게 아니라 성경을 '경험'하게 될 것이다. 초대교회의 경험과 사뭇 비슷하게 경험하게 될 것이다.

구체적인 부분들을 묵상하도록 천천히 복습하라

거듭 느끼는데, 느린 복습을 할 때 하나님께서 내게 가장 많이 말씀하시는 것 같다. 느린 복습을 성경공부에 넣으면 전에는 눈에 띄지 않던 세세한 부분들과 단어들과 감정들이 보일 것이다.

이때쯤이면 당신은 단어 순서에 집중하던 단계를 넘어선 상태다. 당신이 성경공부와 빠른 복습과 중간 복습에 쏟은 시간 덕에 단어들이 술술 나온다. 이제 하나님의 말씀을 묵상하는 단계로 넘어갈 수 있다. 한 단락을 찬찬히 훑어라. 앞서 언급한 자투리 시간 중 하나에서 이렇게 하고 있다면 한두 절 소화하는 데 그칠 것이다. 괜찮다! 여기서 목표는 많은 양을 소화하는 게 아니라 당신의 창조자와 연결되는 것이다.

이제 중간 복습에서 했던 질문들을 좀 더 깊이 파고들어라. 이야기의 모든 인물을 그려라. 그(녀)는 누구이며 어떤 모습을 하고 있는가? 표정은 어떤가? 그(녀)는 이 일이 일어날 때 어떤 느낌이었는가? 자신을 그 자리에 대입하라. 장면, 소리, 냄새, 맛, 신체 감각은 어떤가? 마음의 눈으로 보는 데서 더 나아가 마음의 입으로 맛을 보고 마음의 코로 냄새를 맡아라. 이야기가 당신의 일부가 되게 하라.

편지(이를테면 빌립보서)를 공부한다면 특별히 당신에게 쓴 편지를 읽듯이 읽어라. 누군가가 당신에게 이런 편지를 쓰게 한다는 것은 어떤 것일까? 어떤 단어와 어구가 당신에게 확 와 닿는가? 살아가면서 어떤 날, 어떤 시간을 보내고 있느냐에 따라 당신에게 와 닿는 말들은 서로 다를 것이다.

느린 복습은 바쁜 하루 중 당신과 하나님을 이어주는 2분짜리 고리일 수도 있고, 느린 복습을 통해 더 긴 성경공부와 기도 시간에 들어갈 수도 있다. 나는 둘 다 권한다. 하나님께서 그분의 말씀을 통해 당신에게 말씀하시고, 그분 자신을 계시하시게 하라. 당신이 성경의 어느 책에 잠겨 여러 날, 여러 달을 보낸 후라도 느린 복습을 하면 전에 전혀 보이지 않던 것들이 보일 것이다. 그래서 성경을 하나님의 살아 있는 말씀이라 한다.

내면화처럼 복습도 10일, 30일, 60일이라는 특정한 일정표에 딱 맞아떨어지지 않는다. 뇌는 사람마다 다르게 작용한다. 우리 모두 복습이 필요하지만, 남들보다 더 많은 복습이 필요한 사람도 있다. 당신이 꽤 긴 단락을 단어 하나하나 그대로 기억하기 원한다면 매주 한 번씩 그 단락을 복습할 필요가 있겠다. 약 한 달에 한 번 복습하고도 정확히 기억할 수 있는 사람도 있겠지만.

어떤 단락을 익히는 과정을 거치면서 자신에게 복습이 어느 정도나 필요한지 매우 잘 감지하게 될 것이다. 나의 경우, 어떤 책은 자주 복습해야 하지만 어떤 책은 훨씬 적은 노력으로도 머릿속에 잘 간직되는 것 같다.

핵심은 3개월간 이 세 가지 복습을 활용해 어느 방법이 가장 도움이 되며 어느 방법을 가장 자주 사용해야 하는지 보는 것이다. 성경을 아무리 자주 복습하더라도, 그때마다 당신은 틀림없이 하나님의 마음에 더 바짝 다가가게 될 것이다.

이 책을 읽은 독자들 중에는 성경공부를 이미 수년째 해온 사람도 분명히 있겠지만, 이 책을 출발점으로 삼을 사람도 있을 것이다. 나는 당신이 '성경공부 여정'에서 어느 지점에 있든 곧바로 적용할 수 있는 실제적인 도움을 발견했기를 기도한다.

　하나님과 그분의 말씀을 향한 사랑 기르기, 이것은 당신이 노력할 수 있는 가장 흥미진진하고도 유익한 일이다. 당신이 곧바로 '빌립보서로 떠나는 60일간의 모험'에 뛰어들든, 기초적 읽기의 원리원칙들을 적용하든, 단순히 몇몇 단어 연구를 자신의 현재 성경공부에 덧붙이든, 당신이 이 책에 쏟은 시간 덕분에 성경을 더 즐기고 성경의 '원저자'에게 더 헌신하게 되기를 바란다. 또한 당신이 성경을 공부하면서 이따금 이 책을 참고하기를 바란다. 여기에 소개한 기술들이 성경을 향한 나의 사랑을 얼마나 놀랍게 바꿔놓았는지 모른다. 당신에게도 같은 일이 일어나기를 기도한다.

하나님 및 그분의 말씀과 지속적이고 풍성한 관계를 발전시키는 일은 평생 계속되는 여정이다. 하나님의 말씀을 대하는 다윗왕의 태도, 즉 "내가 주의 법을 어찌 그리 사랑하는지요 내가 그것을 종일 작은 소리로 읊조리나이다"(시 119:97)라는 태도를 기르는 여정이다. 성경의 말씀들을 세상에서 내 삶으로 옮기는 여정이다. 하나님의 말씀이 내 생각을 바꾸고 내 마음을 흠뻑 적시는 여정이다. '말씀 충만한' 신자가 되어가는 여정이다. 하나님께서 당신이 시작하기를 간절히 원하시는 여정이다. 이따금 힘들기도 하겠지만, 언제나 노력한 보람이 있는 여정이다. 내가 당신에게 간절히 권하는 여정이다. 하나님의 말씀과 사랑에 빠지는 여정이다! 이 여정에 참여하라!

케이스

부록

―――― 기초 놓기와 뼈대 세우기

1일차   빌립보서를 읽어라.

2일차   빌립보서를 읽어라.

3일차   빌립보서를 읽어라.

4일차   당신이 바울이라고 생각하며 빌립보서를 읽어라.

5일차   빌립보서를 읽고 저자에 관해 배경을 연구하라.

6일차   빌립보서를 다른 번역으로 읽어라.

7일차   빌립보서를 읽어라.

8일차   당신이 빌립보교회의 교인이라고 생각하며 빌립보서를 읽
        어라.

9일차   빌립보서를 읽고 청중에 관해 배경을 연구하라. *

10일차   빌립보서를 읽고 목적 선언 초고를 작성하라. **

―――――――――――

* 노트에 적으며 성경공부를 할 경우, 9일차 다음에 13일차 내용을 기록할 수 있게 해
두면 이후에 세 가지 배경 연구(저자,청중,환경)를 연이어 볼 수 있다. 배경 연구는 본서
1단계 2장을 참조하라.

** 10일, 15일, 20일, 25일의 목적 선언을 한눈에 볼 수 있도록 적을 공간을 넉넉히 마
련해두면 편리하다. 목적 선언은 본서 1단계 3장을 참조하라.

11일차	빌립보서를 읽고 기초 개요 초고를 작성하라. ***
12일차	빌립보서를 읽어라.
13일차	빌립보서를 읽고 분위기에 관해 배경을 연구하라. *
14일차	빌립보서를 다른 번역으로 읽어라.
15일차	빌립보서를 읽고 목적 선언을 다시 보라(review). **
16일차	빌립보서를 읽고 기초 개요를 다시 보라. ***
17일차	빌립보서를 읽고 목적에 관해 배경을 연구하라.
18일차	빌립보서를 읽어라.
19일차	빌립보서를 읽어라.
20일차	빌립보서를 읽고 목적 선언을 다시 보라. **
21일차	빌립보서를 읽고 기초 개요를 다시 보라. ***
22일차	빌립보서를 다른 번역으로 읽어라.
23일차	빌립보서를 읽어라.
24일차	빌립보서를 읽어라.
25일차	빌립보서를 읽고 목적 선언을 완성하라. **

*** 11일, 16일, 21일, 26일의 기초 개요를 수정해가며 연이어 볼 수 있도록 적을 공간을 마련해두면 편리하다. 매번 새로 작성할 필요는 없고, 16일과 21일은 11일차에 작성한 기초 개요에 다른 색 펜으로 수정하고 26일차에 수정된 사항들을 최종 확정하면 된다. 기초 개요는 본서 2단계 1장을 참조하라.

26일차 빌립보서를 읽고 기초 개요를 완성하라.***

27일차 빌립보서 1장을 주의 깊게 읽고 1장의 뼈대 개요를 작성하라.

28일차 빌립보서 2장을 주의 깊게 읽고 2장의 뼈대 개요를 작성하라.

29일차 빌립보서 3장을 주의 깊게 읽고 3장의 뼈대 개요를 작성하라.

30일차 빌립보서 4장을 주의 깊게 읽고 4장의 뼈대 개요를 작성하라.

─── 마무리

31일차 단락 지도 1:1-2

      단어/어구 연구 : "종"(servant)

32일차 단락 지도 1:3-6

      단어/어구 연구 : "기쁨/기쁜 마음"

      삶에 적용하기 1:3-6

33일차 단락 지도 1:7,8

      삶에 적용하기 1:7-8

34일차 단락 지도 1:9-11

우선 "가족이 된 것을 환영합니다!"라고 말하고 싶다. 예수님을 따르고 하나님을 섬기기란 쉽지 않겠지만 당신이 할 수 있는 가장 놀라운 여정이 될 것이다.

하나님을 기쁘시게 하는 삶을 살려면 하나님께서 우리를 위하여 무엇을 하셨고 우리에게서 무엇을 기대하시며 우리를 통하여 무엇을 하기 원하시는지 알아야 한다. 하나님께서는 우리에게 이것들을 알리시려고 특별히 성경을 주셨고, 나는 당신이 하나님의 말씀과 사랑에 빠지는 데 이 책이 도움이 되기를 기도한다.

이 책은 수많은 성경공부 방법 중 하나를 소개할 뿐이다. '빌립보서로 떠나는 60일간의 모험'(부록 A)에 뛰어들기 전에 성경을 공부하고 또한 사랑하게 될 때 당신에게 좋은 도약대를 제공할 세 가지를 추천하겠다.

좋은 교회를 찾아라

친구들이나 가족에게 주변의 좋은 교회에 대해 이야기하라. 신자들은 함께 예배하고 서로 격려하고 서로 성장하도록 도울 수 있게 서로 연결되어야 한다.

당신이 가까이 지낼 수 있는 사람들이 있는 교회, 당신을 하나님께 더 가까이 이끄는 찬양이 있는 교회, 성경을 열정적으로 가르치는 목회자가 있는 교회를 찾는 게 필수적이다. 가능하다면, 소그룹이 있어서 소수의 사람들과 깊이 연결될 수 있는 교회를 찾아라. 새 신자는 "사람들 틈에서 길을 잃기" 십상이다. 자신이 뿌리내리고 성장할 수 있는 곳을 찾아야 한다.

성경공부 파트너를 찾아라

당신과 성경의 같은 부분을 공부하는 친구나 소그룹이 있다면 성경을 꾸준히 공부하기가 한결 쉬워지고 새로운 통찰과 질문을 두고 대화할 사람이 있어 즐거울 것이다. 교회 소그룹이 여기에 딱 들어맞는다. 지금 소그룹에 들어갈 수 없다면 당신의 성경공부를 독려하고 당신이 꾸준히 성경을 공부하도록 도와줄 사람이 있는지 알아보라. 당신은 전에 없던 새로운 습관을 들이려 애쓰고 있다는 것을 기억하라. 바른 식사나 운동처럼 성경공부도 혼자 하면 도중에 포기하기 쉽지만, 파트너와 함께라면 훨씬 재미있다.

성경 읽기를 어디서 시작하면 좋을까

성경은 꽤 긴 책이다. 새 신자가 성경 읽기를 어디서 시작하는 것이 가장 적절한지에 관해서는 다양한 제안이 있었다. 어떤 사람들은 "처음부터, 그러니까 창세기에서 시작하세요!"라고 한다. 어떤 사람들은 자신이 신약에서 가장 좋아하는 책을 제안한다. 그러나 내가 느끼기에 새 신자에게 성경 읽기 여정의 가장 좋은 출발점은 최대한 예수님을 알고 또 다른 사람들이 그분을 알게 되면서 살았던 방식을 배우는 것이다.

다행히도 하나님께서는 특히 예수님의 삶을 다룬 서로 다른 네 권의 책(마태복음, 마가복음, 누가복음, 요한복음)과 초기 기독교 신자들의 삶을 다룬 한 권의 책(사도행전)을 주셨다. 이 다섯 책은 신약에 속한다. 구약의 모든 일은 예수님이 세상에 오시기 전에 일어났고 신약의 모든 일은 예수님이 세상에 계실 때나 그 후에 일어났다.

마태복음, 마가복음, 누가복음, 요한복음을 가리켜 복음서라 부른다('복음'은 간단하게 말해 "좋은 소식"이라는 뜻이다). 이것들은 서로 다른 네 사람의 시각에서 기록한 그리스도의 전기(傳記)다. 전직 대통령이나 운동선수에 관한 여러 전기를 읽고 다양한 정보를 얻을 수 있듯이, 네 복음서도 그러하다. 네 복음서는 서로 모순되지 않지만, 예수님의 생애와 관련해 어떤 부분은 한 복음서에만 나오고 어떤 부분은 둘 또는 세 복음서에 나오며, 어떤 부분은 네 복음서 모두에 나온다.

사도행전은 셋째 복음서의 저자이기도 한 누가라는 사람이 썼다. 그는 베드로(예수님의 첫 제자 중 하나), 바울(신약성경 대부분의 저자)을 비롯해 많은 초기 그리스도인의 삶을 기록했다. 사도행전은 초기 교회를 잘 보여주며, 1세기 그리스도인들이 예수님에 관한 좋은 소식을 퍼뜨린 방식도 잘 보여준다.

이제 제안하겠다. 먼저, 매일 성경 읽을 시간을 결정하라. 30분? 20분? 10분? 가능한 분량의 시간을 정해 거기 집중하라.

먼저 복음서 하나를 선택해 소설 읽듯 읽어라. 앞에서 나는 복음서를 중요한 순서가 아니라 성경에 나오는 순서대로 열거했다. 어느 복음서를 먼저 읽어도 좋다. 자유롭게 하나를 선택하거나 친구나 목사님에게 물어보라. 읽을 때는 등장인물, 줄거리, 반복되는 주제를 파악하고, 더 나아가 예수님이 사람들과 어떻게 소통하셨고 사람들이 예수님에게 어떻게 반응했는지를 파악하라. 예수님이 그분 자신에 관해서 하신 말씀, 우리가 어떻게 살아야 하느냐에 대해서 하신 말씀들을 보라. 스스로 그 이야기 속으로 들어가라.

복음서 하나를 다 읽었다면 사도행전을 읽어라. 복음서를 읽은 방식으로, 즉 소설을 읽듯이 사도행전을 읽어라. 사도행전을 다 읽었다면 다른 복음서를 읽고, 그런 다음 다시 사도행전을 읽어라. 다 읽으면 또 다른 복음서를 읽고 다시 사도행전을 읽어라. 그런 다음, 또 다른 복음서를 읽고 사도행전을 한 번 더 읽어라. 이렇게 다 읽으면 예수님의 생애를 서로 다른 네 시각에서 읽고 초기 교회의 삶에 관해서도 네 차례 읽은 것이다.

다음의 표에서 보듯이, 하루 20분씩 매주 5일 동안 읽으면 이렇게 읽는 데 두 달 반 정도 걸린다. 하루 10분씩 매주 4일씩밖에 시간을 낼 수 없어도 이렇게 하는 데 6개월 정도 걸린다. 긴 시간처럼 보일지 모르지만, 이 6개월은 당신에게 남은 평생 성경을 이해하고 즐길 때 더없이 값진 기초 지식을 제공할 것이다.

읽기표*

전체	하루 10분	하루 20분
마태복음 2시간 10분	13일	7일
마가복음 1시간 20분	8일	4일
누가복음 2시간 20분	14일	7일
요한복음 2시간	12일	6일
사도행전 2시간 10분	13일	7일

　　이런 식으로 복음서와 사도행전을 읽고 나면, 60일간의 모험
(부록 A 참조)에 나설 준비가 된 것이다. 빌립보서가 아닌 다른
책을 공부할 때도 이 책에 제시된 원리원칙들을 적용할 수 있
다. 그때쯤이면, 당신은 친구나 목사님에게서 성경의 몇몇 책을
추천받았거나 성경을 함께 공부하는 소그룹에 이미 참여하고
있을 것이다. 어쨌든, 당신은 하나님의 말씀과 사랑에 빠지는
길로 제대로 접어들고 있을 것이다.

---

* 이 표는 한글 개역개정판의 갓피플 [성경말씀 낭독회] 4복음서와 사도행전 각 책의
낭독 시간을 기준으로 하였다. – 편집자 주

기초 놓기, 뼈대 세우기, 마무리라는 성경공부 방법의 원리원칙
들은 소그룹에 매우 성공적으로 적용될 수 있다. 소그룹은 성
경공부에 자연스럽게 새 힘을 더한다. 어느 성경공부 그룹이
든, 성경을 매일 공부하는 사람들이 있는가 하면 한 주에 며칠
만 공부하는 사람들도 있다. 또한 성경공부가 생판 낯설고 성
경공부 습관을 이제 막 들이기 시작하는 사람들도 있다.

대부분의 그룹에서 〈부록 A〉에 실린 '빌립보서로 떠나는 60
일간의 모험'이 어떤 사람들에게는 조금 벅찰 것이다. 그러나
당신은 이러한 높은 수준의 몰입을 바라는 소그룹의 일원일 것
이다. 성경공부를 시작하기 전, 모두가 같은 곳에서 출발하라.

다음은 내가 소그룹에서 활용한 에베소서 성경공부에 대한
개요다. 물론 이 개념은 당신의 소그룹이 공부하려는 어느 책
에든 적용될 수 있다. 내가 속했던 소그룹에서는 매주 두 사람
을 선택해 토론을 '인도'하게 했다. 그러나 성경공부 내내 인도
를 맡을 인도자를 정하여 세우는 것도 똑같이 좋은 선택이다.

1주

첫째 주에는 우리 모두 에베소서를 적어도 네 번 읽었다. 매일 읽은 사람도 있지만 원칙은 에베소서 전체를 적어도 네 번 읽는 것이었다.

첫째 주 토론에서는 에베소의 구체적인 구절이 아니라 일반적 개념에 초점을 맞추었다. 첫째 주에 기초적 읽기의 원리원칙들과 배경 연구를 통합했으며 다음과 같은 질문에 답했다.

- 이 편지에서 바울과 에베소교회의 관계에 관해 무엇을 알 수 있는가?
- 바울은 이들 때문에 행복했는가? 좌절했는가? 슬펐는가?
- 이것은 격려 편지인가?
- 이런 편지를 받으면 어떤 느낌이겠는가?

관심 있는 그룹원들은 성경 사전과 인터넷을 비롯해 여러 자료에서 에베소서 저자와 청중과 분위기도 살펴보았다. 더 자세한 사항은 기초적 읽기와 배경 연구에 관한 장(章)들을 보라.

2주-3주

이 두 주 동안 에베소서 전체를 매주 적어도 4회 읽는 과정은 지속하되 토론의 초점은 바꿨다. 둘째 주에는 토론의 초점을 에베소서 1-3장으로, 셋째 주에는 4-6장으로 좁혔다. 개인적으로는 에베소서를 읽을 때 그 주에 토론할 전반부나 후반부에 관해서만 메모를 했다.

토론은 전체적인 개념과 메시지부터 불분명해 보이는 단락까지 범위가 다양했다. 어떤 그룹원들은 자신들에게 특별히 의미 있는 부분이나 자신들이 그 시점에서 겪는 일에 적용할 수 있는 부분을 나누었다.

4주-9주

그다음 여섯 주 동안 에베소서를 매주 한 장씩 공부했다. 한 주에 적어도 한 번은 에베소서 전체를 읽는 것을 여전히 목표로 정해두었으나, 대부분의 날은 한 장의 메시지를 묵상하는 데 할애했다.

모였을 때는 각자 자신에게 특별히 의미 있는 구절뿐 아니라 하나님께서 자신의 마음에 두신 구체적인 삶의 적용도 나누었다. 이러한 집중토론 덕분에 개인으로 성경을 공부할 때 마주친 질문들도 나눌 수 있었다. 게다가 그 주의 인도자가 모두 같은 방향으로 움직이도록 적절한 질문을 몇 가지 준비해 왔다.

10주

에베소서 공부를 마무리하면서 마지막 주에는 에베소서 전체를 두고 토론했다. 다시 에베소서 전체를 적어도 네 번 읽었으며, 그런 후 각자 얻은 새로운 통찰과 여전히 풀리지 않은 질문을 내놓고 토론했다.

여섯 주 동안 에베소서를 깊이 파고든 후, 한 주 동안 단순히 에베소서를 다시 읽는 것은 에베소서 공부를 끝맺는 멋진 방법이었다. 실제로 에베소서에 대한 우리의 이해가 처음 몇 주 이후 얼마나 깊어졌는지를 보았다. 또한 우리가 얻은 교훈과 실행한 적용, 그리고 계속 실행할 적용을 요약할 수 있었다.

소그룹 개요

1주

• 주중에 에베소서를 적어도 4회 읽어라

• 토론을 에베소서 전체로 한정하라(에베소서의 목적, 배경 등)

2주
• 주중에 에베소서를 적어도 4회 읽어라
• 토론을 에베소서 1-3장으로 한정하라

3주
• 주중에 에베소서를 적어도 4회 읽어라
• 토론을 에베소서 4-6장으로 한정하라

4-9주
• 에베소서 전체를 매주 적어도 한 번은 읽어라
• 매주 한 장을 집중해서 읽어라
• 토론을 그 장으로 한정하라
• 의미 있는 구절, 삶의 적용, 질문에 관해 토론하라

10주
• 주중에 에베소서를 적어도 4회 읽어라
• 1주부터 9주까지 배운 것을 되새겨라

• 최종 생각이나 질문을 다루어라

✦

이 개요는 당신이 속한 그룹의 스타일이나 그 그룹이 성경의 한 책을 얼마 동안 공부하느냐에 맞춰 수정할 수 있고, 또한 수정되어야 한다. 어느 그룹은 에베소서를 1년 동안 공부했다고 한다. 이들은 처음 몇 주 동안 무대를 세웠다. 기초적 읽기의 개념을 적용하고 에베소서의 전체적 목적을 파악했다. 배경을 연구하고, 에베소서, 바울, 그 당시 문화에 관해 찾을 수 있는 모든 정보를 살폈다. 그러나 그 1년이 끝날 무렵, 이들은 매주 몇 절씩만 살펴보고 있었다.

당신의 그룹이 얼마나 깊이 들어가기로 결정하든, 성경의 한 책을 그룹으로 공부하는 것이 매우 가치 있고 즐겁다는 사실을 알게 되고, 그룹 토론에서 엄청난 통찰을 얻을 것이다. 적용을 서로 나누기 때문에, 서로를 위해 어떻게 기도해야 할지도 알게 될 것이다. 다른 사람들이 당신과 함께 성경을 공부한다는 사실을 알면 성경을 더 꾸준히 공부하는 데 큰 힘이 된다. 당신이 속한 그룹 전체가 동시에 '하나님의 말씀과 사랑에 빠지는' 것도 보게 될 것이다.

미 주

프롤로그

1 Robert Shirock은 그 후 Mastering the Bible Book by Book을 개정해 Transformed by the Renewing of Your Mind: A Radical Daily Method of Bible Study(Plymouth: Jubilee Publishing, 2003)라는 재목으로 재출간했다. 그가 이 책에서 제시한 방법은 하나님의 말씀을 향한 나의 사랑이 깊어지는 데 깊고 지속적인 영향을 미쳤기에 그에게 크게 감사한다.

무대 세우기

1 Robert Shirock, Transformed by the Renewing of Your Mind: A Radical Daily Method of Bible Study (Plymouth: Jubilee Publishing, 2003), p. 13-17.

기초 놓기

1 기초 놓기(기초적 읽기, 배경 연구, 목적 선언)를 다루는 여러 장(章)에 나오는 개념들은 James Gray가 처음 제시했으며 "종합적"(synthetic) 연구(모든 것을 세세하게 분석하기 전에 하나로 통합하는 방식)로 묘사되었다. 그는 1904년에 처음 출판된 《How to Master the English Bible: an Experience, a Method, a Result, an Illustration》이라는 책에서 이러한 접근법에 관해 썼다. 이 책은 1951년에 Moody Press에서 재출판되었고, 2000년에 Shawn Boutwell이 편집하고 업데이트해 오리건주

포틀랜드에 자리한 Binford & Mort에서 다시 나왔다. G. Campbell Morgan도 《The Study and Teaching of the English Bible》(London: James Clark & Co., 1910)에서 이러한 종합적 연구 방식에 관해 썼다. 나는 이러한 종합적 연구 방식을 Robert Shirock의 저서 《Transformed by the Renewing of Your Mind: A Radical Daily Method of Bible Study》(Plymouth: Jubilee Publishing, 2003)에서 처음 읽었다.

기초적 읽기

1 개념 1-4: James Gray, How to Master the English Bible: an Experience, a Method, a Result, an Illustration (Chicago: The Bible Institute Coportage Association, 1904), p. 44-55. 개념 5: Robert Shirock, Transformed by the Renewing of Your Mind: A Radical Daily Method of Bible Study (Plymouth: Jubilee Publishing, 2003), p. 38-39.

기초 개요

1 기초 개요(Foundation Outline)는 Robert Shirock이 자신의 책 Transformed by the Renewing of Your Mind: A Radical Daily Method of Bible Study (Plymouth: Jubilee Publishing, 2003), p. 42-43 에 논한 "종합적 개요"(Synthetic Outline)를 각색한 것이다.

뼈대 개요

1 뼈대 개요(Framing Outline)는 Robert Shirock이 자신의 책 Transformed by the Renewing of Your Mind: A Radical Daily Method of Bible Study (Plymouth: Jubilee Publishing, 2003), p. 55-58 에 논한 "분석적 개요"(Analytical Outline)를 각색한 것이다.

단락 연구

1 단락 연구에 대한 (그리고 다음 장에서 단어 및 어구 연구에 대한) 이러한 접근법은 Robert Shirock의 책 Transformed by the Renewing of Your Mind: A Radical Daily Method of Bible Study (Plymouth: Jubilee Publishing, 2003), 5, 6장에서 논한 "분석적 개요"(Analytical Outline)를 각색한 것이다.

2 Shirock, p. 64.

삶에 적용하기

1 The American Heritage® Dictionary of the English Language, Third Edition copyright © 1992 by Houghton Mifflin Company. Electronic version licensed from INSO Corporation; further reproduction and distribution restricted in accordance with the Copyright Law of the United States. All rights reserved.

2 The American Heritage® Dictionary of the English Language.

다섯 가지 이유

1 Chuck Swindoll, Seasons of Life, (Grand Rapids: Zondervan, 1994), p. 54

부록 A

1 나는 이 방법을 처음 접했을 때, 로버트 쉬락(Robert Shirock)의 저서 Mastering the Bible Book by Book 뒤표지에서 "디모데후서로 떠나는 60일간의 모험"을 하라는 도전을 받았다. 이 부록은 그의 방법을 새로운 형태와 용어로 각색해 빌립보서에 적용한 것이다.

하나님 말씀과 사랑에 빠지다

초판 1쇄 발행	2019년 9월 2일
지은이	케이스 페린
펴낸이	여진구
책임편집	최현수
편집	이영주 김윤향 안수경 김아진
책임디자인	마영애 조아라 ｜ 노지현 조은혜
기획ㆍ홍보	김영하
마케팅	김상순 강성민 허병용
제작	조영석 정도봉

해외저작권	기은혜
마케팅지원	최영배 정나영
경영지원	김혜경 김경희

이슬비전도학교   최경식   303비전성경암송학교   박정숙
303비전장학회 & 303비전꿈나무장학회   여운학

펴낸곳   규장

주소 06770 서울시 서초구 매헌로 16길 20(양재2동) 규장선교센터
전화 02)578-0003   팩스 02)578-7332
이메일 kyujang0691@gmail.com   홈페이지 www.kyujang.com
페이스북 facebook.com/kyujangbook   인스타그램 instagram.com/kyujang_com
카카오스토리 story.kakao.com/kyujangbook
등록일 1978.8.14. 제1-22

ⓒ 저작와의 협약 아래 인지는 생략되었습니다.
이 출판물은 저작권법에 의해 보호를 받는 저작물이므로 무단 전재와 무단 복제를 할 수 없습니다.

책값   뒤표지에 있습니다.
ISBN 979-11-6504-000-0 03230

규 ｜ 장 ｜ 수 ｜ 칙

1. 기도로 기획하고 기도로 제작한다.
2. 오직 그리스도의 성품을 사모하는 독자가 원하고 필요로 하는 책만을 출판한다.
3. 한 활자 한 문장에 온 정성을 쏟는다.
4. 성실과 정확을 생명으로 삼고 일한다.
5. 긍정적이며 적극적인 신앙과 신행일치에의 안내자의 사명을 다한다.
6. 충고와 조언을 항상 감사로 경청한다.
7. 지상목표는 문서선교에 있다.

하나님을 사랑하는 자 곧 그의 뜻대로 부르심을 입은 자들에게는 모든 것이 合力하여 善을 이루느니라(롬 8:28)

규장은 문서를 통해 복음전파와 신앙교육에 주력하는 국제적 출판사들의
협의체인 복음주의출판협회(E.C.P.A:Evangelical Christian Publishers
Association)의 출판정신에 동참하는 회원(Associate Member)입니다.